나는 이제
싫다고
말하기로
했다

호의가 계속되면
권리인 줄 아는
사람들에게

# 나는 이제
# 싫다고
# 말하기로
# 했다

김호 지음

위즈덤하우스

은령,

거절할 수 없는 한 사람에게

차례

# 5부_ 거절의 근육을 키우면
## 더 나은 삶이 기다리고 있다

# 이제 내 목소리를 내는 사람이 되자

    살면서 '내게 힘을 주는' 사람도 만나지만 '나를 힘들게 하는' 사람
도 만난다. 성인이 된 내 삶에 개입하고 간섭하는 부모, 매일 안부 전화
를 강요하고, '집안일'이라는 이유로 주말과 명절이면 며느리를 괴롭
히는 시부모, 학생에게 막말하고 희롱하는 선생, 특정 후보에 투표하라
고 강요하는 부모, 부하를 성추행하는 검사와 예술인, 정치인, 상사, 휴
가를 쓰겠다는데 이유를 물으며 눈치 주는 상사, 신입직원교육이라는
이름으로 100킬로미터 행군을 시키면서 피임약을 나누어 주는 은행,
간호사에게 행사에서 섹시 댄스를 추도록 하는 병원, 가습기 살균제
피해와 같이 자신들의 실수로 수많은 소비자들이 생명을 잃었는데 책
임지지 않는 기업, "존경하는 국민 여러분"이라는 말을 달고 다니지만,

정작 국민의 안전과 복지는 뒷전이고 이권만 챙기는 정치인들…

그들이 나를, 그리고 우리를 힘들게 만든다는 것을 스스로 깨닫고 변화할 수 있을까? 그런 일은 결코 생기지 않는다. 방법은 한 가지다. 우리가 그들을 대하는 방식을 바꾸는 것이다. 그래야 그들의 변화도 기대할 수 있다. 그에게 직접 거부 의사를 밝히는 경우도 있고, 동료들과 연대하거나 소셜 미디어를 통해 문제를 제기하는 경우도 있으며, 때로는 공권력에 신고하거나 나의 입장을 대변할 수 있는 정치인을 후원하는 방식으로 거절의사를 밝힐 수 있다.

거절을 잘한다는 것은 무엇일까? 특강을 하러 갔었을 때 주최측에서 강연제목을 "부정 커뮤니케이션: 거절"이라고 붙여놓은 것을 본 적이 있다. 거절이 "싫다"는 말과 연관되는 것을 생각해보면 무리도 아니다. 하지만 손석희 앵커의 말처럼 "한 걸음 더 들어가"보면 거절은 부정보다는 진정 커뮤니케이션이다. 거절을 잘하게 된다는 것은 내 감정에 좀 더 귀를 기울이게 되고, 이를 나 자신과 다른 사람에게 솔직하게 소통하는 것이다. 나는 오랜 기간 '싫다'는 말을 남에게 못하며 살아왔다. 사실 다른 사람뿐 아니라 나 스스로에게 솔직하지 못했다. "나는 착하고 소심해서 그래"와 같은 말을 스스로에게 던지기 시작하고 그

관성으로 살게 되면 결국은 신해철의 노래 제목처럼 "니가 진짜로 원하는 게 뭐야"라는 질문에 답을 못하게 된다. 남들이 원하는 것에 맞추어 내 삶이 아닌 다른 사람의 삶을 살게 된다. 거절을 잘하기 위해 노력하는 과정은 다른 사람과의 관계뿐 아니라 내 삶에서 원하는 것이 무엇인지를 묻고 찾아가는 과정이다.

건강한 관계의 기본은 교환이다. 누군가는 할 말을 하고, 또 한 사람은 할 말을 하지 못한다면 이는 폭력적인 관계일 가능성이 높다. 자기 의견은 닫아버리고 남의 의견과 부탁만 들어주면 '착한' 사람이 아니라 '호구'가 된다. 이를 탈피하기 위해서 먼저 '거울'을 쳐다볼 필요가 있다. 이 책에서 거절과 관련된 이론들을 쉽게 풀어 소개하는 이유는 거절을 못하는 우리의 모습을 들여다보는 거울이 되기 때문이다. 먼저 나의 모습을 들여다보고, 왜 과거의 나보다 오늘 더 거절을 잘해야 하는지가 분명해져야, 거절의 기술을 익히는 것도 의미가 있고, 실제 사용할 수 있다.

"스몰빅(the small big)"이란 말이 있다. 작은 변화가 결국은 큰 결과를 만든다는 뜻이다. 지금부터 거절의 작은 근육을 만들자. 그동안 동료들과 식당에 가서도 자신이 먹고 싶은 음식을 말하지 못하고 "같은 걸로 할게요"라고 뭉치고 넘어갔다면, 이제는 정말로 내가 먹고 싶은 것이 무엇인지 생각하고 말해보자. 내키지 않는 부탁을 받았을 때 빨리 "네"라고 이야기하지 말고 "생각해보고 말씀드릴게요"라거나 "지금은 좀 힘드네요"라고 말해보자.

나를 힘들게 하는 그 사람은 변하지 않는다. 내가 그들을(그리고 나 자신을) 대하는 방식을 바꾸자. 좀 더 거절을 잘하는 나를 만들자. 어제보다 오늘은 내 감정에 좀 더 솔직하게 귀 기울여보자. 2018년 #MeToo 운동을 기점으로 우리 사회는 더 이상 침묵하지 않고 자신의 목소리를 내는 사회가 되어가고 있다. 거절은 삶에서 더 중요해지고 있다. 이 책이 내 목소리와 내 삶을 찾아가는 데 도움이 되길 바란다. 이제는 그에게 '싫다'고 말해도 괜찮다.

# 나는 착한 사람이 아니라 거짓말쟁이었다

"나는 그렇게 하지 않는 것을 선호합니다I would prefer not to."

허먼 멜빌의 《필경사 바틀비》 중에서

나는 똑같은 거짓말을 하며 살아왔다. "좋아요~." 남이 내게 어떤 제안이나 부탁을 할 때 마음속으로는 내키지 않으면서 말이다. "괜찮아요." 상대로부터 거절을 당했을 때도 '나라면 들어 주었을 텐데…' 라고 마음속으로만 속상해했다.

심각한 거짓말쟁이었던 나는 지난 10여 년 동안 다양한 훈련을 통해 과거보다 조금 덜 거짓말을 하고 산다. 앞으로 꾸준히 더 솔직해져 가는 것이 내 삶의 중요한 목표 중 하나다. 여기에서 솔직함이란 내가 원하는 것이 무엇인지를 표현하는 방식, 그중에서도 거절과 부탁을 제대로 하는 것이다. 지난 10여 년의 경험을 통해 직접적으로 내 의견을 말하는 것이 훨씬 더 속 편하고 행복하며, 걱정하는 것처럼 다른 사람과의 관계에 흠이 나는 것이 아니라 오히려 신뢰를 높일 수 있다는 것을 알게 되었기 때문이다.

왜 이렇게 거짓말쟁이가 되었을까? 돌아보면 난 어린 시절 '좋은 아이=부모의 말을 잘 듣는 아이'란 등식을 머릿속에 새기고 살아왔다. 부모의 이야기에 "네"라고 말할 때 나는 칭찬 받았고, 어린 마음에 부모의 칭찬을 계속 받으려면 마음속에 싫은 것이 있을 때에도 "네"라고 말해야 하나보다 했다. "네"라고 말할수록 "착하다"라는 말을 많이 들을 수 있었다. 어린 시절 "호야, 네 생각은 어떻니?"라는 질문을 받은 기억이 별로 없다.

어린 시절의 내 모습에 대해 가장 후회하는 점은 바로 이것이다. 내가 무엇을 원하는가에 집중하기보다 다른 사람이 무엇을 원하는지에 더 신경 쓰며 살아온 것이다. 부모나 다른 사람들로부터 인정받고 그들에게 잘 보이기 위해 거짓말을 하면서 살아온 것이 후회된다. 성인이 되어서도 나는 남들이나 나 자신이 던지는 "나는 무엇을 원하는가?"라는 질문에 답하는 데 어려움을 겪고 마음 고생을 하곤 했다. 뒤늦게야 나는 진정한 의미의 성인이란 자신의 머리 어디쯤인가에 떠오르는 말풍선을 밖으로 끄집어내어 솔직하게 전달할 줄 아는 사람이라는 것을 깨닫기 시작했다. 남들보다 늦기는 했지만, 40대에 접어들어 자기 생각을 말할 수 있는 진정한 '어른'으로 다시 태어나기 위해 지금도 노력하고 있다는 사실에 감사한다. 갈 길이 아직 멀지만 말이다.

이런 거짓말의 '부작용'도 있었다. 내가 크게 오해하고 있지 않다면, 나는 스스로 '친절한 사람'이라는 외부의 평가를 만들어낸 것 같다. 내 삶에서 기쁨 중 하나는 나의 행동이나 도움으로 인해 다른 사람이 기뻐하는 모습을 보는 것이다. 그래서인지 난 다른 사람들을 도와주거나 선물하는 것을 좋아하며, 비교적 주위에 세심한 신경을 쓰는 편이다. 때로 이러한 성향 때문에 아내는 내가 모든 사람에게 친절한 것 같다며 섭섭해하지만, 아내 역시 이런 나의 성향을 싫어하지는 않는 눈치다. 내 직업도 컨설턴트이자 코치로서 다른 사람의 사업이나 성공을 돕는 것이다. 서비스를 받는 쪽보다는 하는 쪽이 더 편한 것이 사실이다.

이런 성격에는 장점도 있지만 심각한 단점이 있다. 싫은 것을 싫다고 말하지 못하고, 자기가 원하는 것을 제대로 다른 사람에게 표현하지 못하며, 더 악화되면 자기 의견이 무엇인지도 제대로 파악하지 못하는 상태가 될 수 있다는 것이다. 남에게 친절한 성격이 실은 사회생활을 하는 데는 물론이고 자신의 삶에서 행복을 추구하는 데 문제를 가져올 수 있다는 점을 처음 깨닫기 시작한 것은 30대 중반이었다.

당시 외국계 PR 컨설팅사에서 일하던 나는 영전하는 상사 뒤를 따라 운 좋게도 한국지사의 사장이 되었다. 처음으로, 그것도 젊은 나이에 사장직을 수행하는 것이 기쁘기만 한 것은 아니어서 외부의 도움을 받기로 하고 나이 지긋한 호주의 리더십 코치로부터 3년여간 코칭을 받았다. 이 과정을 통해 내가 깨닫게 된 가장 큰 교훈 중 하나는 '나이스nice'한 것이 때로는 솔직하지 못하며, 더군다나 리더십에 있어서 큰 문제가 될 수 있다는 점이다.

그때까지만 하더라도 나는 직원들에게 권위적이지 않고 친절한 리더가 훌륭한 리더라는 막연하면서도 잘못된 생각을 갖고 있었다. 직원들이 하는 행동에 문제가 있더라도 지적하는 것이 편치 않았고, 이를 회피하고 있었다. 실제 코치가 나에 대해 주위 10여 명의 사람들을 상대로 설문조사를 했을 때에도 "친절하긴 하지만, 노no라고 말해야 할 때 하지 못하는 사람"이라는 공통적인 평가가 있었다. 코치는 직원들이 잘못하는데도 제대로 말하지 않는 것은 "솔직하지도 못할뿐더러, 그 직원이 개발될 수 있는 여지를 없애는 것이며, 리더로서 직무유기"라고 돌리지 않고 직구를 날렸다.

그 피드백은 내게는 커다란 충격이었다. 30년 넘게 내 마음 속 벽에 붙여 놓았던 '좋은 사람=나이스한 사람'이라는 액자를 순식간에 망치로 깨뜨리는 것 같은 경험이었기 때문이다. 지금은 은퇴한, 나이 지긋한 현자賢者의 모습을 했던 그 코치는 내게 과제물을 내주었다. 직원들과 1:1 미팅을 통해 그들이 개선해야 할 점, 혹은 마음에 들지 않는 점을 솔직하게 이야기하는 것이었다. 물론 내성적인 내가 그런 미팅을 하는 것이 쉽지는 않았지만, 제대로 된 리더십에 다가서는 데 도움이 된 과제들이었다.

직장에 다니면서 나는 내가 정말 원하는 것이 무엇인가 고민을 하기 시작했고, 이에 대한 진지한 대답을 찾던 끝에 적지 않은 연봉을 받으며 잘나가던 외국회사 지사장 자리를 마흔이 되던 해에 떠나 내 사업을 시작했고, 이제 10년이 되었다. 이 결정을 내리며 내 마음속의 이야기에 온전히 귀 기울였고, 상사의 반대를 무릅쓰고 독립한 것에 대해 단 한 번도 후회를 해본 적이 없으며, 지금까지 내 삶에서 가장 잘한 선택 중의 하나라고 생각한다.

전 세계에서 가장 큰 컨설팅 회사에서 사장 명함을 들고 일하다가 독립하여 1인 기업으로 사업을 하는 것은 거절과 빈번히 마주치는 일이기도 했다. 과거 큰 회사의 사장 시절 할 필요가 없었던 익숙하지 않았던 일을 처음부터 끝까지 해야 했다. 사업 초기에는 문방구에서 세금계산서 용지를 한 묶음 사다가 볼펜으로 조심스럽게 적어서 우체국에 가서 우표를 사서 일일이 부치기도 했다. 고객사 재무 담당자와도 직접 통화를 해서 입금을 확인해야 했다. 일의 스펙트럼이 과거보다 넓어지다 보니 그만큼 거절과 자주 접해야 했다. 1인 주식회사로서 할 수 있는 일의 규모에 한계가 있고, 게다가 사업 초기 3년 동안은 대전에서 학교를 다니면서 수업을 들어야 했기 때문에 고객의 요청을 거절해야 할 때도 많았다. 1인 기업으로 독립한 중요한 이유

중 하나는 하고 싶은 일을 집중적으로 하기 위한 것이었기 때문이다.

직업적으로 독립적이고 만족스러운 삶을 살던 40대 중반에, 나에 대해 또 하나의 문제를 발견했다. 가족과의 관계, 특히 부모와의 관계에서 내가 원하는 것이 무엇인지 마음속의 진심을 어머니에게 제대로 전달하지 못하고 있었다. 그 당시 미국에 있는 상담심리학자로부터 정기적으로 인터넷 화상 전화를 통해 코칭을 받고 있었는데, 우연히 심리 테스트 결과를 놓고 이야기를 나누다가 이런 점을 발견하게 되었다. 그녀는 내게 단순히 거절을 잘해야 한다고 코칭하지 않았다. 내가 남에게 무엇인가를 주는 것을 좋아하는 성향과 연결 지어 이렇게 말했다. "김호 씨는 남에게 무엇인가를 주는 것을 좋아하는 성격이 뚜렷합니다. 앞으로 이렇게 한번 노력해봅시다. 김호 씨 마음속의 진실truth을 남에게 잘 주는(전달하는) 쪽으로." 이 코치의 도움으로 나는 여러 시도를 하게 되었는데, 그 과정에서 부모와의 갈등도 당연히 있었다.

마침 출판사 위즈덤하우스 박지수 팀장이 거절에 대한 책을 기획하고 있다며 내게 커뮤니케이션의 관점에서 책을 써보면 어떻겠느냐고 제의했다. 거절을 '잘' 하는 사람이 아닌 내가 이런 책을 쓴다는 것이 맞을까? 박 팀장은 이른바 거절을 '잘' 하는 사람들은 거절을 못하는 사람들의 마음을 잘 이해하지 못할 것이고, 거절 못하는 사람의 심리를 이해하는 입장에서 노력하면서 깨달은 것들을 써주면 좋겠다고 설득했다. 우연한 기회에 고객사에서 거절에 대한 워크숍을 진행하면서 얼마나 많은 사람들이 거절을 못해 마음고생을 하고 있는지 알게 되었고, 나는 물론이고 그분들을 위한 책을 써야겠다고 결정했다. 물론 박 팀장의 제의를 거절하지 못한 대가로 다른 제안들은 거절해야 했지만 말이다.

서점에서 이 책을 우연히 펼치고 프롤로그를 읽고 있을 분들을 위해 결론만 말한다면 다음과 같다.

1. 남의 거절에 상처받고, 타인의 부탁에는 거절 못하는 나는 어떻게 해야 할까? 어차피 우리가 하는 부탁의 8할은 거절 받을 운명이다. 자신이 하고 싶은 일을 하면서 살고 싶다면 거절에 대한 맷집을 키우는 방향으로 생존 전략을 짜야 한다. 많은 경우 사람들은 거절이 두려워 시도조차 하지 않는다. 삶에서 거절은 디폴트default 모드이다. 거절이 당연하고 기본적이며 승낙을 받으면 좋은 것이다. 이렇게 생각하고 일을 접근하면 훨씬 마음 편하게 더 좋은 기회를 잡고 성취할 수 있다. 이 책에서 왜 삶의 기본 모드가 거절인지 상세하게 이야기할 것이다.

2. 거절과 부탁을 제대로 못하고 살면 10년 뒤에 나에게 남는 것은 무엇일까? 내가 잃는 것은 무엇일까? 남는 것은 '호구'라는 평판이고, 잃는 것은 내 삶에 있을 수 있는 기회들이다. 어쩌면 이 책을 통해

거절과 부탁을 못하는 수많은 '착한 사람'들에게 내가 가장 하고 싶은 말이 바로 이것인지도 모른다. 평생 자기 주장을 못하고 살면 남에게 좋은 사람이라는 평판이라도 얻어야 할 텐데, 실상 그렇지도 못하다. '좋은 사람'이라는 평가가 '쉬운 사람'을 뜻하기도 한다는 점을 생각해보라.

3. 거절과 부탁을 제대로 하려면 어떻게 해야 할까? 이 질문보다 더 중요한 것은 내가 정말로 원하는 것이 무엇인지 아는 것이다. 많은 사람들, 특히 거절과 부탁에 익숙하지 못한 사람들은 자신이 무엇을 원하는지 잘 모른다. 원하는 것에 대해 깊이 생각해보지 않았고, 습관이 되어 있지 않아서이다. 남이 무엇을 원하는지에만 머릿속 안테나가 켜져 있기 때문이다. 혹시라도 당신이 거절을 해보려고 노력했는데 잘 안 되었다면, 바로 이 안테나를 켜지 않은 상태에서 시도했기 때문이다. 거절하려 하지 말고, 내가 원하는 것이 무엇인지를 말하려고 노력해보라. 이제 내가 무엇을 원하는지 마음속의 컴퓨터를 부팅시킬 차례이다. 거절과 부탁을 좀 더 잘 할 수 있는 방법은 내가 원하는 것, 내 의견을 찾아내고, 그것을 상대방에게 전달하는 것이다. 의외로 간단할 수 있다. 다양한 직장인들의 인터뷰 사례를 통해, 그리고 관련 이론들을 살펴보면서 실제 현장에서 사용할 수 있는 도구들을 찾아볼 것이다.

무엇이든 지나친 것은 바람직하지 않다. 친절도 지나치면 우리를 배반한다. 지나친 배려 역시 삶에 부작용을 발생시킨다. 나는 거절과 부탁을 '잘' 하는 사람들에 비하면 여전히 부족한 점이 많다. 나도 그들처럼 좀 더 쿨해지기를 원한다. 하지만 이전보다 거절과 부탁을 조금씩 더 잘하게 되고, 이에 따라 새로운 기회가 열리는 것에 매우 만족한다. 쿨해지는 것이 최종적으로 내가 지향하는 지점이다. 어제보다 오늘은 좀 더 쿨하게 내 마음 속의 진실을 전달할 수 있기를 바란다. 상담심리학자 재키 마슨이 조언하듯 그동안 다른 사람에게 '좋은 사람'이 되기 위해 (동시에 그렇게 보이기 위해) 노력해왔다면, 이제는 나 자신에게도 '좋은 사람'이 되고 싶다.[1] 이 책은 친절의 배신과 배려의 부작용으로부터 빠져나오기 위해 전문가들의 도움을 받고, 고민하고, 현실 속에서 실험해보며 깨달은 것들을 정리한 것이다. 거절과 부탁을 잘 못하던 사람이 이 책을 읽는다고 갑자기 칼 같이 거절을 잘할 수는 없다. 다만, 이전보다는 더 거절과 부탁을 잘하고, 마음 속의 진실을 좀 더 속 시원하게 전달하는 데에 실질적인 도움이 될 것이다. 그리고 그 과정에서 더 많은 기회와 행복감을 맛볼 수 있을 것이다. 아무쪼록 나와 같은 'A형 인간'에게 도움이 되길 바란다.

# 나도 싫다는 말을
# 잘하고 싶지만…

"사람들이 우리를 어떻게 대우하느냐의 75퍼센트는
우리 자신에게 책임이 있다.
우리는 사람들이 어떤 말과 행동을 하느냐에 대해
스스로 영향력을 행사할 수 있으며, 우리에게는 그 방법을 터득할 의무가 있다."

캐서린 리어돈, 《성공한 사람들의 정치력 101》

만약 나의 어떤 특성이 심리적으로 마음을 힘들게 할 뿐 아니라, 때로는 수천만 원을 날리게 할 수도 있으며, 직장에서의 평판은 물론 승진에도 도움이 안 되는 것이라면 어떻게 해야 할까?

1부에서 우리는 다양한 환경에서 실제 이런 딜레마에 빠져 있는 몇 사람을 만나게 될 것이다. 나는 여러분이 이 첫 번째 챕터를 읽으면서 스스로에 대해서 생각해보게 되는 점이 있는지 살펴보길 바란다. 만약 1부에서 자신에 대해 별로 느끼게 되는 점이 없다면 이 책을 사지 말기를 바란다. 당신을 위한 책이 아닐 가능성이 매우 높다.

1부에서는 "싫어요"라고 말하지 못하는 다양한 사람들(2부에서는 남들로부터 "싫다"는 말을 듣기를 싫어하는 사람들의 사례를 다룬다. 이 두 가지는 매우 밀접하게 연관되어 있다)의 사례를 통해서 이 책을 읽는 분들이 스스로의 경험담을 떠올려보고, 나 자신에 대해 한 걸음 떼어 놓고 바라보도록 하려고 한다. 변화를 시도하기 전에 나에 대해 다시 생각해보는 시간이 필요하기 때문이다. 여기에 나오는 누군가의 이야기가 자신의 일부를 비추는 거울처럼 다가온다면 이 책은 당신을 위한 것이다.

# '착해서'(?) 삼천만 원을 날릴 뻔한 이야기

## 불편한 순간을 잠깐 마주해야 오랫동안 편한 이유

"개XX!"

나도 모르게 욕이 나왔다. 30년 넘게 알고 지낸 친구와 시장에 있는 허름한 맥주집에서 한 잔 들이키며 말이다. 나보다 거절을 더 못하는 '착한' 친구로부터 내 모습의 단면을 발견하고 화를 냈던 것이다. 이 친구는 긴 직장생활을 마치고 직장 선배와 작은 IT 사업을 시작했다. 동업이 힘들다는 말이 있다. 더군다나 선배와의 동업은 말이 파트너지, 예전처럼 상하관계를 유지하며 사업을 하고 있는 듯 보였다.

술을 마시면서 친구가 뭔가 불안하고 걱정스러운 기색을 보였다. 파트너가 신규 사업을 해야겠다고 하면서 돈을 투자하라고 했는데,

덥석 삼천만 원을 투자했다는 것이다. 그것도 직장 다니는 아내가 수년 동안 알뜰하게 모아놓은 돈을. 문제는 내 친구는 그 사업에 대해 아무런 확신이 없으며, 선배의 거듭된 부탁에 거절을 하기 힘들어서 투자를 결정했다는 것이다. 이해하기 힘든 일이었다. 선배의 비즈니스 모델에 대해 하나하나 따져 물어보았지만 친구는 그 비즈니스 모델의 장점이나 가능성에 대해 어느 것 하나 확신이 없었다.

나는 삼천만 원이란 돈의 가치에 대해 물었다. 삼천만 원이 자신과 가족에게 무엇을 해 줄 수 있는지에 대해서. 삼천만 원이면 내 친구가 평소 그렇게 원했던 가족들과의 해외여행을 여러 번 즐길 수 있으며, 두 자녀에게 더 나은 교육 기회를 제공할 수 있고, 또 자신이 무엇인가를 배우고 싶거나 새로운 일을 시작할 때 훌륭한 투자금이 될 수 있는 금액이었다. 삼천만 원으로 할 수 있는 많은 일들을 스스로 생각해보게 만든 뒤, 난 친구에게 말했다. "넌 그런 엄청난 가치가 있는 돈, 그것도 아내가 정성 들여 모은 삼천만 원이라는 거금을, 아무런 확신도 없는 곳에 투자했어. 왜 그랬을까? 선배의 부탁을 거절하는 것이 불편해서야. 네가 거절하는 게 불편해서 가족에게 수많은 기회를 제공할 수 있는 소중한 돈을 아내에게서 '빼앗아서' 선배에게 갖다 바친 거야 이 개XX야!"

그때 난 꽤나 흥분해 있었다. 친구는 정신을 번쩍 차리는 것 같았다. 대화가 이어지면서 친구는 어떻게 다시 돈을 돌려받을지 고민하기 시작했다. 그리고 우리는 그 방법에 대해 이야기했다. 중요한 것은 상사와 마주하고, 그 돈이 얼마나 중요한지 얘기하고, 그리고 그 돈이 다시 필요하니 돌려달라고 말하는 것이었다. 술을 마신 다음날 새벽, 친구는 바로 선배 파트너를 찾아가 이야기를 했고, 다행이 돈을 돌려받을 수 있었다. 물론 그 선배는 섭섭해했지만, 그것이 중요한 것은 아니었다. 결국 선배가 추진하던 새로운 사업은 10개월 만에 접게 되었고, 그 사업에 투자한 다른 사람들은 적지 않은 손실을 보았다. 내 친구는 선배와 헤어져 새로운 일을 시작할 때 그 돈을 쓸 수 있었다.

이 사례를 통해 중요한 한 가지를 이야기하고 싶다. 우선 불편한 순간과 마주해야 한다는 것이다. 거절해야 하는 당위성과 거절하지 않았을 때 올 수 있는 손실들을 생각해보고, 익숙지 않아 불편하겠지만 거절과 부탁의 순간으로 내 자신을 밀어 넣어야 한다. 친구와 술한 잔을 나누며, 어떻게 돈을 돌려받아야 할지 이야기를 나누었지만, 가장 중요한 점은 이 친구가 안절부절못하던 것에서 벗어나, 거절을 못하고 그대로 지나갈 경우 무엇을 후회하게 될지 생각하고, 바로 그 다음날 불편한 마음을 끌어안고 선배와 마주했다는 것이다. 처음에 거절의 뜻을 밝히지 못해 실수를 했지만, 자신의 판단이 잘못되었음을 확인하고 용기를 내 일을 바로잡았다. 이 친구는 그 이후로 부탁이나 거절에 대해 좀 더 단호한 태도를 갖게 되었다. 두 번 다시 이런 실수를 반복하고 싶지 않기 때문이다.

내가 이 책을 쓰면서 가장 염두에 두는 것은 거절의 테크닉이 아니다. 물론 이런 것들도 다루겠지만, 가장 중요한 것은 여러분을 '거절의 세계'로 초대하는 것이다. 거절을 못하는 사람들이 거절하는 방법을 알게 된다고 거절을 잘하게 될까? 결코 그렇지 않다. 친구와 맥주집에서 대화를 했을 때, 어떻게 돈을 돌려받아야 할지 방법이나 테크닉적인 부분에 대해 이야기를 나눈 것은 불과 몇 분 되지 않는다. 친구는 자신의 태도, 즉 거절을 못하는 것이 자신과 가족에게 어떤 문제를 가져올지, 남에게 모질게 거절하기 힘들어하는 성격이 정작 사랑하는 가족에게 어떤 모진 결과를 가져올지 구체적으로 생각하고 나서는 바로 선배와 마주할 수 있었다.

우리는 거절을 못하는 성격을 '착해서 그러는 것' 혹은 '모질지 못해서 그러는 것' 등으로 합리화하면서 자신과 가까운 사람들이 어떤 피해를 입게 되는지 애써 외면하면서 살아간다. 주변사람들이 '누구는 착해'라고 하면서 자신을 이용한다는 점도 외면하면서 말이다. 살아가면서 때론 거절을 해야 하고, 또 다른 사람으로부터의 거절을 감수하는 것이 우리 삶에 어떤 도움을 주는지, 거절을 못하는 삶이 '나이스'한 삶이 아니라 결국 '실패한' 삶이 될 수도 있다는 점을 분명하게 깨달아야 한다.

나의 친구가 잘했던 것은 더 이상 미루지 않고 바로 그 다음날 아침 선배와 마주하고 자신의 의지와 생각을 밝힌 것, 즉 돈을 돌려달라는 말을 한 것이다. 그 선배가 돈을 돌려줄까, 그 선배가 섭섭해하거나 화를 내지는 않을까 하는 걱정을 뒤로 하고 말이다(참고로 만약내 친구가 선배의 얼굴을 마주하고 말하는 것이 두려워 이메일이나 문자로전했다면 반응은 달랐을 수 있다. 대면하지 않고 문자나 메일로 요청하면 답변을 늦추면서 피할 가능성이 있다). 거절하는 것이 불편해 많은 것을잃고 살아가는 사례를 우리는 주변에서, 그리고 나 자신에게서 많이발견할 수 있다. 이제 이 책을 위해 인터뷰했던 직장인들의 사례를하나씩 살펴보자.[2]

# 처음부터 '너무' 잘하는 것은 독이 된다
## 약속은 적게, 대신 약속보다 더 해주는 게 낫다

누구나 부러워하는 대기업 마케팅 부서에 입사한 신입사원 A(여, 26세)는 평소 위아래로 원만한 인간관계를 유지하려고 애쓰는 타입이다. 주변 동료들에게 친근하게 다가가려고 노력했고, 상사에게도 인정받고 싶었다. 입사하자마자 띠 동갑 남자 사수에게 열심히 하는 모습을 보여주고 싶었다. 문제는 어느 순간 업무뿐만 아니라 개인적인 삶까지도 사수에게 '소속'이 되어 버린 것이다. 사수는 점심시간은 물론, 아침식사와 저녁까지 모두 자신과 같이 먹기를 바랐다. 심지어 A의 개인적인 약속도 취소하라고 요구할 정도였다. 처음에는 '사수와 친하게 지내야 회사 생활이 편하겠지' '신입사원이라면 사수에게 이 정도의 충성심은 보여야겠지…' 하면서 자기 합리화를 한 것도 사실이다. A는 수백 번이나 "사실은…" 하고 말하고 싶었지만 번번이 자기 목소리를 내지 못했고, 1년 정도 되어가자 항상 남의 의견에 따라가는 사람이라는 이미지를 얻게 되었다. '남의 의견을 존중하는 직원'이라는 주변의 평가를 기대했는데, '바보 같이 사수에게 끌려 다니는 사람'이라는 부정적 시각이 존재했던 것이다.

몸은 물론 마음고생은 할 대로 하면서도 좋은 평가를 받지 못하자 억울하고 분한 생각이 들었다. 이제 자기 할 소리를 해야겠다는 생각이 들었고, 떨리는 마음을 겨우 다잡고 정색을 하며 어느 날 사수에게 "그것은 좀 힘들겠습니다" "저는 다른 일정이 있습니다" 하고 거절하기 시작했다. 문제는 그때부터 그녀에 대한 평가가 긍정적으로 바뀌면 좋았을 텐데 '변했다' '싸가지가 없어졌다'는 부정적 평으로 바뀌었다는 사실이다. 자신이 도대체 무얼 잘못한 것일까 고민하던 A는 템플스테이와 심리상담까지 받게 되었다. 그녀는 "사수가 날 괴롭히는 것이 아니라 사수에게 잘 보이고 싶어 하는 마음이 자신을 힘들게 하는 것 같다"고 말했다.

레오나르도 다빈치는 "거절을 할 때는 나중에 하는 것보다, 처음에 하는 것이 훨씬 쉽다It is much easier to refuse from the beginning rather than to do it at the end"고 말했다. '순간의 선택이 10년을 좌우한다'라는 과거 한 가전업체의 광고 카피처럼 이 사례를 보면 상사와의 관계 설정에서 첫 실수가 수년 동안 자신을 괴롭혔다는 것을 알 수 있다. '약속은 되도록 적게 하고, 대신 약속보다 더 해주라under promise, over deliver'라는 말이 있다. 위의 사례에서는 입사 초기 상사와 삼시세끼를 함께하면서 상사에게 무언의 약속, 즉 직장에서 하루 세끼는 상사와 한다는 기대를 주게 되고, 이것이 어느 정도 시간이 흐르자 하나의 관습처럼 굳어졌다. 이렇게 되면 관습을 깨기도 힘들어지고 깨는 시점이 늦어질수록 서로 상처는 더 커지기 마련이다. 따라서 불편하더라도 초기에 기대를 깨는 것이 바람직하다. 한 끼 정도만 함께 먹는 식으로 말이다.

또한 관계에 대해서 때때로 '이것이 지속할 수 있는 관계모드인가?'라는 질문을 던져볼 필요가 있다. 한 사람의 상사와 '지나치게' 오래 일하는 경우 이런 사례를 종종 보게 된다. 물론 오래된 상하 관계가 반드시 비관적인 것은 아니다. 최근 내게 고민을 털어 놓은 사람은 15년 넘게 한 상사를 모시며 계속 일해왔다. 40대에 접어들면서 1년 정도 쉬며 자기만의 시간을 갖기를 원했지만, 회사 사정상 1년간의 휴직은 힘들기에 그녀는 상사에게 사직 의사를 밝혔다. 오랫동안 함께 일했던 그녀를 놓치고 싶지 않았던 상사는 다소 부담이 적은 업무로 재배치하면서 강력하게 설득했고, 그녀는 결국 사직 의사를 접고 회사에 남았다.

과연 회사에 남기로 결정한 것이 자신에게 옳은 결정이었을까….

고민하는 그녀에게 이런 이야기를 해주었다. 일단 힘든 점을 상사에게 솔직하게 이야기한 점은 잘한 일이었다. 그렇지 않았다면 상사는 그녀가 그렇게까지 힘든 줄 몰랐을 것이고, 새로운 배치 결정이 나지도 않았을 것이다. 동시에 언제까지 그 상사와 함께 일할 수 있을지, 언젠가는 헤어질 것이니 그 시점을 고민해보는 것이 좋겠다고 말했다. 그녀는 20대 후반부터 40대 초반까지 그 상사와 함께 하면서 그의 뜻에 따라 일해왔다. 그녀에게 과연 그 상사와의 관계를 언제까지 지속할 수 있을지, 더 중요한 것은 자신이 원하는 삶이 무엇인지에 대해 고민하는 게 아닌지 질문했다. 그녀는 자기만의 시간을 가지며 새로운 것을 배우고 싶어 했다. 어느새 그녀의 삶, 특히 직장과 관련된 삶에서 상사가 그녀의 욕구를 대신 채워주고 있었던 것이다.

이처럼 처음에 관계 설정을 잘못해서 문제가 된 사례는 또 있다. 다음 사례는 이번 사례와 유사하면서 '착하게 보이려고' 거절하지 않고 살아가게 될 때 우리에게 남는 것이 결코 '착하다'는 평판이 아님을 보여준다.

# 나는 좋은 마음으로 시작했는데,
## 결론은 호구라니…

### 배려가 배반할 때 자기합리화에 빠지지 마라

대기업 영업부에서 대리 7년차인 30대 중반의 B씨. 그는 10개 가까운 영업소를 관리하면서 물건을 판매하고 채권을 관리하는 일을 하고 있다. 그는 윗사람에게 충성하며, 시키지 않아도 상사의 눈치를 보면서 일을 척척 해내는 것을 자랑스럽게 여기는 스타일이다. 연차휴가를 쓸 때도 상사의 눈치를 보고 늘 윗사람에게 잘 보이고 인정받는 것을 중시한다. 그가 영업지원팀에서 근무할 때 벌어진 일이다. 이 팀은 토요일에 부서에서 한두 명은 출근을 해야 하는 상황이었다. 그런데 부서 상사와 동료들은 "너는 싱글이고 주말에 쉬어봤자 잠만 잘 텐데 사무실에 나와도 되지 않냐"면서 서로 가족모임이 있다, 행사가 있다면서 당직을 B에게 미루었다. 처음에 별생각 없이 그러겠다고 대답했지만, 매주 토요일마다 회사에 출근하여 근무를 하다 보니 B도 쉬고 싶은 마음이 생겼다. 슬쩍 주말에 당직을 그만 서고 싶다고 이야기해봤지만 다들 약속이 있다고 해서 어쩔 수 없이 또 근무를 하게 되었다. 좀 더 강하게 나도 쉬어야 하고 주말에 연속으로 당직 서는 것이 어렵다고 말을 해볼까 생각했지만, 다른 사람들이 소심하게 볼까 혹은 비난할까 걱정되어 그냥 주말 당직을 이어나갔다.

이런 일이 계속되면서 동료들은 미안하다고 말은 하지만 '넌 당연히 해주겠지?'라는 식으로 반응했다. 이런 경험을 하면서 결국 '착한' 마음에서 시작한 일이 남들에게는 호구로 보이는 결과를 가져왔음을 깨닫기 시작했다. 겉으로는 "내가 하고 싶어서 하지요"라고 말하고 다녔지만 속 깊은 곳에서는 남에게 좋은 사람으로 보이고 싶다는 마음 때문에 공정하지도 않은 일에 문제 제기도 못하고 계속 일을 떠맡게 되었다.

이 사례가 우리에게 전달하는 가장 핵심적인 메시지는 두 가지이다. 첫째, '착하게' 보이려고 거절을 못하며 지낼 때 우리에게 남는 것은 '좋은 사람'이라는 이미지가 아니라 '호구'라는 평판뿐이다. 둘째, '착하다'는 것의 정확한 의미를 잘 알아야 한다. 남의 요청에 거절 못하고 "예스"라고 하는 것이 착한 것은 아니다.

앞서 사수와의 거듭된 식사를 거부한 사례에서 우리가 가장 주목해야 하는 부분은 따로 있다. 머릿속에서 수백 번 "사실은…"이라고 말하고 싶어 하다가, 결국 자기의 목소리를 내야겠다는 결심을 했고, 가슴도 떨리고 마음이 불편했겠지만 상대에게 "그것은 좀 힘들겠습니다" "저는 다른 일정이 있습니다"와 같이 거절하기 시작했다는 점이다. 물론 갑자기 '돌변'한 부하 직원에게 그 사수는 싸가지가 없어졌다느니 변했다느니 욕도 했고, 그녀는 스트레스로 심리상담까지 받아야 했지만, 이는 변화를 시도하는 과정에서 겪게 되는 부분이다. 만약 거절하지 않고 그대로 지속했다면 더 큰 스트레스와 치료로 고생하게 되었을 것이다. 어차피 이 상사는 언제라도 부하직원에게 이런 태도를 보일 사람이기에, 빨리 관계를 재정립하는 것이 좋다.

이런 어려움을 고려하더라도 A가 조금이라도 빨리 상사에게 자신의 뜻을 밝히기 시작했다는 것은 그녀의 인생을 생각하면 훨씬 잘 된 일이다. 많은 사람들은 상대가 실망하거나 화를 내지는 않을까 걱정하여 수년에서 십여 년이 넘도록 자기 내부의 욕구를 무시하며 살아가고, 너무 뒤늦게야 자신의 삶을 되찾아야겠다는 생각을 한다.

나는 이 사례들을 접하면서 허먼 멜빌의 소설 《필경사 바틀비》의 대사 "하고 싶지 않습니다", 아니 좀 더 정확히 말한다면 "그렇게 하지 않는 것을 선호합니다 I would prefer not to"를 떠올렸다. 권위적인 한국 사회를 살아가면서 거절에 대해 고민하는 사람이라면, 이 대사를 좀 더 자주 사용할 필요가 있다. 상대에 대한 거절 이전에 내 마음속의 진실을 전달하는 차원에서 말이다. 사수와의 식사에 얽힌 사례를 나누어 준 A씨가 인터뷰에서 정확하게 지적했듯 어쩌면 1년 넘게 자신을 괴롭힌 것은 사수가 아니라 사수에게 지나치게 잘 보이려고 했던 자신의 마음이었다. 그런 자신을 거리를 두고 객관적으로 바라보기 시작하고, 자신의 진정한 욕구를 상대방에게 전달하기 시작했다는 점이 이 스토리에서 가장 중요한 부분이다.

반면 주말 근무에 얽힌 사례를 제공한 B씨의 경우에는 한 번 이야기를 꺼냈다가 곧바로 접었다. 사람들에게 소심하게 보일까, 비난받을까 두려워서 그랬다는 것이다. 이런 경우가 장기화되면 합당하지 않은 일, 즉 동료들의 주말 근무를 자신이 계속해서 맡는 것에 대해서 '자기 합리화'를 하기 시작한다. 즉, 자신은 착한 사람이고, 자신으로 인해 동료들이 좀 더 가족들과 편안하게 지낼 수 있으며, 현재의 고생은 나중에 자신에게 복으로 돌아올 것이라는 착각 말이다. 이런 생각은 사실 비극의 시작이다.

이 책을 읽는 분 중에 자신이 이런 상황에 있다고 생각된다면, 하루 빨리 이런 상황으로부터 빠져나올 방법을 생각해야 한다. 핵심은 자기 합리화가 아닌 내 마음속의 진실을 주변에 전달하는 것이다. 나는 이런 것이 불편하다고, 나는 이런 상황이 공정하지 않다고 생각된다고. 그리고 내가 원하는 것은 무엇이라고. 더 상세한 방법에 대해서는 뒤에서 다시 살펴보기로 하자.

# 나도 직언할 줄 아는 사람이라는 걸
## 보여주겠어!

### 거절의 최종 목적이 무엇인가?

8년차 과장(남성) C씨. 30대 후반인 그는 업무 시간 중에는 집중해서 일하고, 퇴근 후에는 개인 시간을 활용해 자기 계발도 꾸준히 하는 편이다. 그는 남들로부터 부탁을 받을 때마다 심하게 스트레스를 받는다. 심지어 회사 메신저가 켜지면 그때부터 스트레스를 받을 정도다. 그는 직원 복지 프로그램 지원 담당자로 직원들의 신청을 받아 선택적으로 복지 프로그램 등을 배정하는 일을 한다.

이 회사에서는 직원이 신청할 수 있는 두 가지 복지 지원 프로그램(1과 2)이 있었는데, 프로그램 1은 2에 비해서 비용이 약간 높았다. 그와 함께 일을 담당하던 직속 상사는 비용을 줄여야 한다면서 일부 직원에 한해서 프로그램 1 지원을 승인해주지 않았다. 일정한 원칙을 갖고 지원자 모두를 동일하게 승인하지 않았으면 모르지만, 일부 지원자는 승인을 해주지 않고, 그에 대한 설명도 해주지 않아 C씨는 중간에서 애매한 입장이 되었다. 신청 직원 개개인에게 직접 통보를 하고 승인 거절 이유를 설명하는 것은 C씨의 역할이기 때문이었다. 승인이 거부된 직원들은 반발했고 C씨에게 불만을 표현했다. C씨는 직속 상사와 껄끄러운 관계가 될까 걱정되어 왜 일부 직원만 승인 거절을 하는지 묻지 못했다. 결국 계속 되는 직원들 불만에 C씨는 사내에서 한동안 "담당자가 멍청하다"는 소리를 듣기까지 했다.

거의 모든 직장인은 상사와 부하직원, 혹은 부서 상사와 타 부서 상사, 혹은 상사와 타 부서 직원 등 사이에 '끼어서' 일하게 된다. 주변에 있는 상사나 동료 부하 직원들이 모두 같은 의견이라면 문제가 없겠지만, 다들 의견이 다른 것은 기본이고 완전히 반대인 경우도 흔하다. 더군다나 C씨의 사례에서 보듯 의견이 다른 상황에서 자신이 소통의 경로가 되어야 하는데 제대로 의사를 밝히지 못하게 되면, 고생은 고생대로 하고 욕은 욕대로 먹기 마련이다. C씨는 상사와 문제를 해결하거나 제대로 된 설명을 듣지 않은 채, 복지 프로그램 지원자들과만 해결을 하려 했으니 어쩌면 당연한 결과인지도 모른다.

여기서 잠시 2014년 12월 어느 날 모 항공사의 임원실로 잠시 들어가보자. 물론 상상 속에서 말이다. 시점은 우리 모두 익히 알고 있는 '땅콩 회항' 사건이 터진 직후다. 언론의 부정적 뉴스가 인터넷을 통해 확산되기 시작한 시점에 항공사의 임원들이 모여 회의를 하는데 내가 홍보 담당 임원이라고 상상해보자. 회의실에서는 문제를 일으킨 오너 일가의 부사장이 상석에 앉아 있다. 이런 경우 심리학 이론은 한 치의 예외도 없이 딱 들어맞는다. 이른바 자기 정당화self-justification 현상이 회의실 내에서 재현된다.

문제의 항공기에 탑승했던 사무장과 스튜어디스의 잘못을 부사장이 지적했고, 잘못한 것은 부사장이 아니라 직원이며, 따라서 부사장이 직접 나서서 사과할 이유가 없다는 것이다. 회의에서 논의를 듣고 있는 홍보 담당 임원인 당신은 이처럼 자기 정당화된 입장이 외부로 발표되는 순간 엄청난 역풍을 맞을 것이라는 것을 직감한다. 회사의 입장을 정리하기 위한 이 회의에서 당신은 의견을 어떻게 밝힐 수 있을까? 더군다나 오너 일가의 부사장과 나보다 직책이 높은 임원들 앞에서 과연 현실을 있는 그대로 이야기할 수 있을까?

여기엔 두 가지 딜레마가 있다. 만약 임원회의에서 결정한 대로 자기 정당화 시각에서 입장을 밝히는 순간 엄청난 여론의 역풍을 맞을 것은 뻔하며, 또다시 부정적 뉴스로 인해 홍보를 책임지고 있는 당신은 외부는 물론 내부로부터 "홍보 전략에 문제가 있는데 왜 그냥 넘어갔느냐"고 비난 받을 수 있다. 심한 경우 책임지고 물러나야만 할 수도 있다. 또 한 가지 딜레마는 그렇다고 회의석상에서 오너와 다른 임원들이 모두 생각하는 방향과 달리 "오너가 직접 사과하는 것이 맞습니다"라고 이야기했다가는 오너가 뭐라 하기 전에 임원진 중의 누군가 나서서 "당신 제정신이야!"라고 질타해 역풍을 맞을 수 있다는 것이다. 이 자리에서 찍혔다가는 당장은 아니더라도 앞으로 직장생활이 어려워질 수 있다. 한창 학교에 다니는 아이들이 있고, 현재 직장을 떠날 경우 당장 생계에 대해 고민해야 하는 상황이라면 감당하기 힘들 것이다.

이 문제는 거절에 대해 고민하는 우리에게 충분히 생각해볼 가치가 있다. 위기관리 컨설팅을 하다 보면 고객사 내부 임원은 아니지만 이런 경우에 가끔 처하곤 한다. 아무리 외부 컨설턴트라 해도 오너나 고위 임원 앞에서 그들의 생각과 때론 반대로 들릴 수 있는 의견을 밝히는 것은 쉽지 않기 때문이다. 하지만 방법이 없는 것도 아니다. 우리는 이기적으로 남의 요청을 물리치거나 대척점에 선다는 의미로만 거절을 생각하는 경향이 있다. 그래서 거절을 힘들어하는지도 모른다. 좀 더 세련된 시각으로 거절에 대해 고민해볼 필요가 있다. 거절은 때로 상대방을 위한 결정일 수 있기 때문이다. 위에서 제시된 상황과 같은 경우 거절을 제대로만 한다면 상대방과 나 모두를 위한 결정이 될 수 있다.

세련된 거절이란 '상대방 편에서 바라보면서 (상대방의 의견과 반대일 수 있는) 내 뜻을 전달하는 기술'이다. 《오리지널스》의 저자 애덤 그랜트Adam Grant 역시 위험을 무릅쓰고 진언을 하는 방법에 대해 이야기하면서 프레임의 중요성을 이야기했는데, 자신의 직언을 어떤 맥락에 놓고 이야기하는지에 따라 상대방의 수용 정도는 달라질 수 있다.

예를 들어, 임원회의에 참석한 홍보 담당 임원이라면 이렇게 자신의 의견을 전달할 수 있을 것이다. 심정적으로는 반대이지만, 상대방의 편에 먼저 서는 것이다. "저 역시 언론이 사건을 너무 부풀려서 보도하는 부분이 있으며 우리 기업 입장에서는 억울한 측면이 있다고 생각합니다." 두 번째로는 자신의 뜻을 전달하기 위해 국면을 전환하는 것이다. "하지만, 여기에서 좀 더 큰 맥락을 살펴볼 필요가 있습니다" 혹은 "여기에서 우리가 생각하지 못한 부분이 있을 수 있습니다" 라든지 "여기에서 제가 한 가지 걱정되는 부분이 있습니다"와 같이 이야기를 이어간다. 그러고는 본론을 시작한다. "지금 우리가 이렇게 어려움을 겪는 것도 결국은 우리의 생각과는 별개로 외부에서 우리를 바라보는 시각이 다르기 때문입니다. 지금 인터넷은 말할 것도 없고 언론들도 일제히 우리의 반대쪽에서 공격하고 있어 여론이 최악인 상황입니다. 외부에서는 모두 승무원의 편에서 이 사건을 바라보고 있습니다. 여기에서 만약 저희가 승무원을 공격하는 것처럼 보일 경우, 회사는 물론 부사장님께 오히려 피해가 될 수도 있으니 우리의 입장에 대해 다시 생각해보는 것이 좋다고 생각합니다."

이러한 메시지 전달 방식은 전략 커뮤니케이션 전문가들이 사용하는 '브릿징bridging 테크닉', 즉 다리 놓기 기술을 활용한 것이다. 첫 단계에서는 상대방의 입장에 대한 이해(꼭 반드시 동의한다는 뜻은 아니다) 혹은 공감을 나타낸 후, 두 번째로는 자신의 입장(때로는 상대방의 입장과 반대되는 뜻 혹은 거절)으로 연결하기 위해 다리를 놓는다. 위의 경우 "좀 더 큰 맥락을 살펴볼 필요가 있습니다" 혹은 "여기에서 이런 점을 한 번 생각해보면 좋겠습니다"와 같은 말을 할 수가 있다. 마지막으로 자신의 진짜 메시지를 전달하는 것이다.

이러한 방식은 밀리언셀러《설득의 심리학》저자 로버트 치알디니가 말하는 일관성의 원칙Principle of Consistency과도 연결이 된다. 일관성의 원칙에 따르면 사람들은 누구도 심리적으로 자신이 틀렸다는 것을 인정하기 싫어하며, 더군다나 남에게 그런 지적을 받는 상황을 불편하게 생각한다. 따라서 어떤 직언이나 싫은 소리를 상사나 고객에게 해야 하는 상황에서는 자신의 의견이 상사나 고객의 생각과 크게 다르지 않다는 맥락에서 풀어내야 효과를 높일 수 있다. 상사에게 싫은 소리를 하는 경우 자신의 의견에만 너무 매몰되다 보면, 상대는 모두 틀렸고, 나의 의견만이 옳다는 방향으로 표출을 하는 경우가 있다. 이는 '내가 직언을 했다'라는 측면에서는 성공했는지 모르지만, '나의 직언을 상대방이 수용하도록 성공시켰다'라는 측면에서 보면 실패로 볼 수 있다. 애덤 그랜트가 극단적인 직언을 할 경우 '과격한 성향'을 숨기라고 조언하는 것은 바로 그런 이유이다.

평소 거절이나 싫은 소리를 못하는 사람은 세심하게 두 가지 측면에서 생각해볼 필요가 있다. 우선 싫은 소리를 하지 못하던 사람이 갑자기 흥분해서 직언을 할 경우 '내가 (오랜만에) 직언을 한다' 혹은 '나도 성질이 있는 사람이다!'라는 것을 보여주겠다는 것에 집중한 나머지 그동안 보여왔던 모습과는 너무 다르게 과격해질 수 있으니 주의해야 한다. 그리고 또 한편으로 평소 상대방의 입장을 늘 고려하여 '친절'했던 사람들은 오히려 자신의 장점을 살릴 수 있음을 알아차릴 필요가 있다. 즉 프레임을 활용하여 상대방의 입장을 고려하면서 부드럽고 세련되게 직언할 수 있다는 자신만의 강점 말이다.

일부 독자는 처음에 상대방의 편에 서는 부분에 대해 비겁하다고 생각하거나 불편하게 느낄 수 있다. 하지만 이런 점을 생각해보자. 먼저 우리는 거절을 위한 거절을 하려는 것이 아니다. 무슨 말인가 하면 거절하기 위한 목적이 무엇인지를 생각해보자는 것이다. 앞의 경우에는 오너를 비롯한 임원들의 의견에 변화를 주기 위한 것이 가장 중요한 목적이다. '나는 당신들과 의견이 다르다'라고 주장하는 것 자체가 목적이 아니라는 말이다. 적어도 나는 그렇게 생각한다.

독자 분들도 공감하겠지만, 직장에서 자리를 보전해야 한다거나 상사에게 찍히는 것은 피하고 싶다는 현실적인 이유로 거절이나 싫은 소리를 못하는 경우가 많다. 세련된 거절이란 결국 나의 뜻을 상대방에게 전달하는 방식에 변화를 주어 결국은 거절의 목적을 달성하는 것이다.

인터뷰를 했던 B씨는 이런 이야기를 했었다. 거절에 대한 고민을 하다 보니 때로는 부드러운 거절이 필요하겠다고. 예를 들어, B씨에게 "해드리지 못해 정말 죄송합니다. 부장님께 제가 오히려 부탁드립니다"와 같은 표현을 사용하는 것이 좋겠다고 제안을 했는데, 이 역시 거절하는 사람이 상대방에게 "제가 부탁드립니다"와 같은 표현을 하여 거절당하는 상대방이 무안하지 않도록 배려하는 세련된 방식이다.

다시 이번 사례의 주인공 C과장의 이야기로 돌아가보자. 그의 상사를 편의상 박 부장이라고 가정해보자. 박 부장이 일부 직원들의 직원 복지 프로그램을 특별한 설명도 없이 거부하는 상황에서 C과장은 어떻게 세련되게 자신의 뜻을 전달할 수 있을까? 브릿징 테크닉을 생각하면서 한번 시도해보자. "박 부장님. 회사의 예산이 많이 들어가는 것이기 때문에 일부 프로그램 1 지원자들의 신청을 받아들일 수 없는 사정을 잘 이해했습니다. 제가 회사 입장에서 생각해봐도 모두 승인하기는 부담이 있을 것 같습니다. 그런데 박 부장님, 이것 한 가지만 좀 도와주십시오. 제가 회사의 사정을 지원자들에게 무리 없이 잘 전달하기 위해서는 왜 어떤 사람은 선택이 되었고, 누구는 안 되었는지 설명이 있어야 할 텐데요. 부장님께서 기준을 제시해주시면 우리 부서의 입장을 문제없이 전달하는 데 도움이 될 것 같습니다. 만약 우리가 일관된 기준이 없이 정했다고 보여지면 앞으로도 문제가 될 수 있으므로 기준을 알려주시면 좋겠고, 동시에 이번 탈락자 선정도 기준에 부합한 결정인지 통보 전에 한 번 살펴보면 혹시라도 발생할 수 있는 문제를 줄일 수 있을 것 같습니다."

여기에서 자신의 다른 의견을 제시하기 전에 상대방의 입장에 서는 표현(예를 들어, "회사의 예산이 많이 들어가는 것이기 때문에… 잘 이해했습니다")을 협상의 전문가이자 《어떻게 원하는 것을 얻을 것인가》의 저자 스튜어트 다이아몬드Stuart Diamond는 '감정적 지불emotional payment'이라고 이야기했다. 세련된 거절을 할 때 감정적 지불은 필요하다. 일단 상대방에게 거절 혹은 반대 의견부터 시작을 하게 되면 사람은 심리적으로 방어적이 되면서 마음을 닫아버리고 상대의 의견을 듣지 않게 된다.

위에서 박 부장에게 이야기할 때 직원 복지 지원부서의 입장을 잡음 없이 전달할 수 있도록 "이것 한 가지만 도와주십시오"라고 말했다. 세련된 거절을 할 때 '도와달라' 혹은 '부탁한다'라는 말을 할 수가 있는데, 이런 표현을 주목해 볼 필요가 있다. '제가 당신을 도와드릴 수 있도록, 저를 한 가지만 도와주십시오'라는 표현이다. 영어에서 'Please help me to help you'라고 표현하는데, 다소 거절이 힘든 경우 상대방에게 효과적으로 쓸 수 있으니, 꼭 기억해두시길.

# 거절에 서투른
## 상사와 부하직원이 만났을 때
### 서로 감정이 상하지 않는 해결책은 분명히 있다

리서치 회사에서 근무한 지 5년차 된 30대 D과장. 사람 만나는 것을 좋아하고, 매일 저녁 헬스장에서 운동을 하며 그날 쌓인 스트레스를 푸는 활동적인 스타일이다. 그는 어느 주말 친하게 지내온 고객으로부터 급한 전화를 받게 됐다. 고객은 월요일 출근하자마자 급히 써야 할 필요한 자료가 있다며 주말 중에 준비를 부탁했다. D는 친한 언니의 결혼식장에서 그 전화를 받았고, 그날은 저녁 늦게까지 약속이 예정되어 있었다. 그녀는 고객에게 알아서 처리하겠다고 전화를 끊고는 함께 일하는 후배 직원에게 연락을 했다. "굉장히 미안한데, 내가 친한 친구 결혼식에 늦게까지 있어야 할 것 같아. 대신 이 일을 처리해 줄 수 있을까?" 하고 부탁했다. 그러자 후배는 "제가 왜 이 일을 해야 하죠? 이 일은 선배님 일 아닌가요?"라고 단박에 거절했다. D는 "원래 팀 막내는 이런 일을 선배와 함께 처리해주는 법이야. 함께 했으면 좋겠지만, 지금 내가 일을 할 수 없으니, 네가 토요일에 먼저 작업해 놓으면 내가 일요일에 출근해서 마무리 지을게"라며 다시 부탁을 했다. 이번에도 후배는 왜 자신이 이 일을 해야 하는지 모르겠다고 답했고, 마음 상한 D는 "그럼 됐어. 내가 알아서 하지"라면서 전화를 끊었다. 전화는 그렇게 끊었지만 결국 후배는 마음이 불편했는지, 토요일에 출근해서 업무를 처리해주었다. 하지만 그 후배는 "내가 왜 그 일을 해야 했는지, 그리고 선배가 오히려 나에게 화를 낸 이유가 무엇인지 알려달라"라고 말했고, 결국 둘은 언성을 높이며 싸울 수밖에 없었다.

이 사례는 거절을 못하는 두 가지 극단적 방식을 보여준다. 결론적으로 D과장이나 후배 모두 거절에 있어 서투른 점이 있어서 둘 다 고생은 고생대로 하고, 자신의 목적이나 보람은 느낄 수 없게 되었으며, 게다가 관계까지 나빠졌다. D과장의 후배는 선배를 도와주고도 고맙다는 이야기를 들을 수 없었고, D과장의 고객은 부탁을 들어주어 고맙다고 말했겠지만 이런 요청을 당연하게 생각했을 가능성이 높다.

먼저 D과장과 고객과의 관계에 대해 살펴보자. 이번 인터뷰에서는

D과장뿐만 아니라 다양한 갑을 관계에서 거절과 관련된 고민이 등장했다. 고객이 가격을 말도 안 되게 깎거나, 납기일자를 갑자기 당기는 경우 등, 현실에서 갑에게 잘못 거절했다가는 일 자체가 날라갈 수도 있으므로 제대로 대응하기가 쉽지 않다는 점은 우리 모두 이해할 수 있다. 하지만 문제는 우리가 갑의 부당한 요청을 너무 '당연하게' 받아들인다는 점이다. 적어도 고객의 부당한 요청에 대해 거절까지는 못하더라도 협상을 할 필요는 있는 것이다. 여기에서 《설득의 심리학》 저자 로버트 치알디니 박사가 말하는 설득 전술로서 '양보 Concession' 개념을 이해할 필요가 있다.

자신이 수용하기 힘든 요청을 고객이 했다고 치자. 그 요청의 정도를 10으로 볼 때, 이를 처음부터 10까지 받아들이게 되면, 갑은 '당연하게' 앞으로도 수용하기 힘든 요청을 계속할 것이다. 이는 어쩌면 고객의 잘못도 있겠지만, 고객이 그렇게 생각하도록 만든 을의 책임도 있는 것이다. 마음속으로만 문제를 제기하고 고객에게 그 문제를 알려주지 않으면, 고객도 무언가 잘못되었다고 생각하기보다 당연하게 여기기 마련이다. 이는 결국 악순환을 만들며, 나중에는 을이 갑의 계속되는 요청에 힘겨워 그만두는 사태가 발생한다. 결국 을은 힘든 요청까지 꾸준히 들어주었지만, 어떤 감사도 받지 못하고, 관계도 지속하지 못하는 최악의 상황을 만들게 되는 것이다.

치알디니의 양보안은 이렇게 사용할 수 있다. 들어주기 힘든 10 정도의 요청이 왔다고 치자. 이를 완전히 거절하기도 힘든 상황이다. 즉, 10의 요청을 0으로 만들기도 힘들다. 그렇다면 0과 10사이에서 적절한 수준의 양보안을 제시하면서 협상을 시작해야 한다. 이때, 을로서 갑에게 당신을 도와주고 싶다는 의사는 명확히 하라. 다만 10 전체를 들어주기는 힘들다고 이야기하면서 5~7 정도 수준을 제시하는 것이다. 예를 들어 D과장은 다음과 같이 이야기할 수 있다. 편의상 고객을 김 과장이라고 치자. "김 과장님, 갑자기 월요일 오전에 사용해야 할 회의자료 정리가 필요하다는 점을 잘 알겠습니다. 저도 되도록 도움을 드리고 싶은데요. 한 가지만 좀 양해해주시면 감사하겠습니다. 오늘 가장 친한 선배가 결혼하는 날이고, 제가 하루 종일 함께해주겠다고 약속했기 때문에 저녁 늦게까지 여기에 있어야 해서 내일(일요일)밖에 시간을 낼 수가 없습니다. 지금 말씀하신 내용에 따르면 필요한 자료를 취합하는 부분과 파워포인트로 정리하는 부분이 있을 텐데요. 이 두 가지 중 한 가지는 제가 할 수 있을 것 같습니다. 지금 제가 이걸 또 다른 사람에게 부탁을 하는 것은 힘들 것 같구요. 현재 상황에서 제가 과장님께 도움드릴 수 있는 최선 안이 이럴 것 같은데요. 제가 이렇게 도와드려도 좋을지요?"

이 부분을 읽고 나서 '아 그렇게 해볼 수 있겠다'라고 생각하는 독자와 '말도 안돼, 어떻게 고객에게 함께 일을 하자고 해?'라고 생각하는 독자가 있을 것 같다. 걱정 마시라. 양보의 개념을 제대로 이해한다면 자신의 상황에 맞게 얼마든지 변형할 수 있다.

　예를 들어 김 과장의 요청을 10 모두 다 들어줘야 하는 형편이라고 생각하자. D과장처럼 후배 직원을 시켜서라도 말이다. 10을 다 들어주면서 양보안을 쓸 수 있는 방법이 있을까? 앞서 말한 것처럼 부담스럽거나 공정하지 않은 요청을 아무런 문제 제기 없이 받아들이게 되면 스스로 악순환의 고리로 들어가게 된다. 사례 1과 2에서 관계의 첫 단추를 잘못 끼워 고생하는 경우를 보았다. 이번에는 10의 요청을 다 들어주더라도, 이것이 예외사항이라는 것을 명확히 하는 것이다. 예를 들면 다음과 같다.

　"김 과장님. 얼마나 급하신 상황이면 제게 주말에 이렇게 전화를 하셨겠어요. 저도 친한 김 과장님께서 개인적으로 특별히 부탁하시는 것이라 어떻게라도 도움을 드리고 싶습니다. 제가 오늘 제일 친한 선배 언니 결혼식에서 늦게까지 함께 하기로 약속해서 제가 이 부분을 다 하기는 힘들 것 같고, 아무래도 저희 팀원에게 도움을 요청해야 할 것 같습니다. 아무튼 요청하신 것은 제가 주말 중에 팀원과 함께 처리해서 보내 드릴게요. 다만 다음에는 주말에 개인적 부탁은 자제해주셔야 해요!" 여기에서 "다만 다음에는 주말에 개인적 부탁은 자제해주셔야 해요"라는 말은 관계에 따라 너무 정색하고 이야기했을 경우 고객이 때로는 "그럼 관두세요. 제가 하지요"라고 나올 수도 있다. 따라서 상대방의 성향이나 수용도에 따라 살짝 웃으면서 가볍게 이야기하는 것도 한 가지 방법이다. 여기에서 중요한 것은 당신이 이 상황을 당연하게 생각하지 않는다는 점을 상대방이 확실하게 인식하도록 만드는 것이다. 김 과장에게 이메일로 부탁한 과제를 보낼 때 다시 한 번 이 상황이 예외적이라는 점을 서면으로 알려 놓는 것도 한 가지 방법이다.

다음은 D과장과 후배 사이를 살펴보자. D과장이 후배에게 미안함을 표시하면서 고객의 일을 부탁하자, 후배는 반발했다. 아마도 국내 대기업이나 정부 등 수직적인 조직에서는 후배가 이렇게 반응하기는 힘들 수도 있다. 그러자 D과장은 후배에게 "원래 팀 막내는 이런 일을 선배와 함께 처리해주는 법이야"라고 말한다. 물론 D과장은 후배에게 부탁을 했고, 또 자기 생각대로 '후배란 그런 법이다'라고 이야기했다. 다만 자신의 생각을 전달하는 방식에서 한 번 고려해볼 점이 있다. 왜 자기가 해야 하느냐고 반발하는 후배에게 '후배는 그런 법이다'라고 이야기하는 것이 더 큰 반발을 불러오기 때문이다.

앞서 이야기한 브릿징 테크닉을 써본다면 어떨까? 먼저 D과장과 생각은 다를 수 있지만 후배의 시각에 대한 공감을 표시한다. "당연히 내 일이 맞고, 후배 직원이 해야 할 일은 아니라고 봐. (내가 당신 입장이었어도 그렇게 생각했을 수 있다)." 그러고는 "내가 말하는 것은…"이라고 다리를 놓으면서 "후배가 해야 해서 시키는 것이 아니라 당연히 내가 고객에게 하겠다고 한 것이니 내 책임인데, 지금 할 수 있는 상황이 아니어서 도움을 청하는 거야"라고 이야기한다면 어떨까? 여기에서 핵심은 반발했던 후배가 자신의 의견을 접고 선배의 일을 도와주어도 무안하지 않게 여지를 만들어주는 것이다. 더 나아가 양보안을 제시할 수도 있다. 즉, "대신 내가 네 일 한 가지를 다음 주나 그 이후에 해주면 어떨까?"라고.

후배가 선배인 D과장을 대하는 것에서 보면, 결국 후배는 일은 일대로 도와주고 선배와 사이도 안 좋아졌으며, 수고도 인정받지 못했다. 후배가 이 일을 하기 싫거나 할 수 없는 입장이었다면 좀 더 세련된 방식의 거절을 할 수 있었을 것이며, 여기에서도 브릿징이나 양보안을 쓸 수 있다. "선배, 주말에 결혼식으로 일하기 힘든 상황인데, 고객의 갑작스러운 요청으로 당황하셨을 것 같아요. 저도 도움 드리고 싶은데, 제가 주말에 계획한 일이 있어서 이번에는 힘들 것 같아요"라든지, 아니면 조금이라도 도움을 줄 마음이 있다면 "저도 사정상 다 해드릴 수는 없지만, 그럼 자료 정리는 해서 보내 드릴게요" 정도로 협상을 할 여지는 있을 것이다.

D과장과 고객이, 후배와 D과장이 대화하는 것을 보면 거절 못한다는 것의 두 가지 의미를 알 수 있다. 하나는 마음이 약해서 그야말로 거절의 말도 못 꺼내고 "예스"라고 하는 것이고(D과장의 경우), 또 하나는 거절 의사를 처음부터 밝히지만, 그 방식이 너무 투박해서 상대와의 관계에 불필요한 문제를 만드는 것이다(후배의 경우). 세련된

거절이란 나의 거절을 상대가 존중할 수 있도록 하는 것이다. 물론 나의 세련된 거절의 노력과는 별개로 때로는 상대방이 나의 거절을 개인적으로 기분 나쁘게 받아들일 수 있다. 거절의 노력 과정에서 이런 경우는 어쩔 수 없는 것이기도 하다. 하지만 최대한 존중받을 수 있는 방식으로 거절을 하는 것이 필요한데, 이를 영어에서는 '동의할 수 있는 방식으로 동의하지 않는다disagree agreeably'라고 표현하기도 하다. 말장난 같지만, 결국은 앞서 이야기했던 '감정적 지불'과 함께 나의 의견을 전하는 방식이다. 몇 가지 예문을 들어보자:

- "정말 하고 싶은데, 그 사안은 몇 가지만 조정해주시면 가능할 것 같습니다."
- "제 솔직한 의견 말씀 드려도 될까요? 그 부분은 현재로서는 시간이 너무 많이 들어가는 작업이라 들어드리기가 힘듭니다. 다만, 간단하게 하는 정도라면 도움 드릴 수 있겠습니다."
- "힘드신데 도움 드리고 싶습니다. 다만, 제가 다른 방식으로 도움 드릴 수 있게 해 주세요."
- "그 말씀에 동의합니다만, 저희가 해야 하는 업무 방식에 대해서는 의견이 조금 다릅니다."
- "부장님 말씀 중 열에 아홉은 찬성입니다. 다만, 합의를 보아야 하는 부분이 한 가지 있는 것 같습니다."

- "말씀하신 것이 너무나 타당해서 다른 의견이 없을 것 같습니다. 다만 부장님, 한 가지 걱정되는 사항이 있습니다."
- "무슨 말씀이신지 잘 알겠습니다. 원칙적으로 동의합니다. 다만 실행하는 데 있어 제 입장에서 한 가지 제안을 드리고 싶습니다."
- "그 말씀과 관련해 제가 몇 가지 질문을 드려도 될까요?"(상대방은 보통 "예"라고 한다. 그러고는 상대방 요청에 대해 궁금한 점이나 자신이 들어줄 수 없는 조건 등 문제점에 대해 지적할 수도 있다.)

어떤가? 거절하는 사람이 다른 방법으로 도움드릴 수 있게 해달라고 부탁하는데, 이를 기분 나쁘게 받아들이는 사람은 그리 많지 않다. 여러분도 이런 문장을 직장에서 혹은 가족이나 친구들과의 대화에서 사용해보시길.

여기에서 잠시 외국계 컨설팅사의 대표로 일할 때 경험했던 사례를 소개하려 한다. 극히 일부이긴 하지만 때로 '높은 분'으로부터 자녀나 친척의 인턴 혹은 취업 부탁을 받는 경우가 있다. 물론 소개받은 지원자가 회사에 필요하고 잘 맞는 인재이면 문제는커녕, 소개해준 분에게 감사할 일이지만, 그렇지 않은 경우가 더 많다. 심지어 당사자는 우리 회사에 대해 별 뜻도 없는데, 주변에서 부모나 친척들이 어디라도 입사를 시켜야겠다는 욕심에 부탁을 해오는 경우도 있었다.

당시 회사 전체 직원이 50명 정도의 규모였는데, 맞지 않는 사람들을 받아주게 되면 회사 경영에도 문제가 될 수 있겠다 싶었다. 부탁하는 분들 중에는 때로 고객도 있어서 무턱대고 안 된다고 말하기 어려운 상황도 있었다. 그래서 나름의 '장치'를 고안했다. 당시 회사의 선발 관행은 직접 일하게 될 담당 팀 임원이 직접 인터뷰를 하고 평가하여 결정하고 나는 최종적으로 승인을 하는 시스템이었다. 즉, 담당 임원의 평가를 먼저 통과해야 하는 것이다. 그래서 이런 어려운 부탁이 오는 경우에는 "저희 회사에 관심 가져주셔서 감사합니다"라고 말한 후, 회사의 입사 시스템, 즉 서류 심사 통과가 되면 담당 임원 면접을 통과해야 한다는 점을 설명했다. "제가 회사 대표로서 힘을 쓸 수 있는 것은 서류면접을 통과 시키는 정도입니다. 즉, 임원 면접의 기회를 드릴 수 있는 것이지요. 이것 이상을 하게 되면 제가 회사 임원들에게 낯이 서질 않습니다. 경영하는 데 문제가 생길 수도 있으니, 제 사정을 좀 이해해주십시오"라고 오히려 상대에게 부탁을 하는 것이다. 이렇게 되면 부탁을 전부 들어주지는 못하지만, 전면 거절도 아니다. 양보안을 제안하여 서류 심사까지만 들어주는 것이 현실적인 해결책인 것이다. 서류 심사에 통과하지 못했을 사람에게 인터뷰 기회를 주어도 자리에 적절하지 않은 지원자들은 당연히 모두 임원 인터뷰에서 탈락되었다. 임원들은 자신의 실적과 직결되는 팀원들의 능력에 민감하기 때문이다.

# 거절 워크숍의 상황극

(아래 대본은 국내 한 대기업의 30~40대 직원들을 중심으로 거절 워크숍을
진행했을 때 참석자들과 함께 만들고 연습했던 것이다.)


오늘은 금요일. 차 대리는 내일부터 시작하게 될 댄스동아리 활동을 생각하
며 한껏 들떠 있다. 새로운 여자친구를 만날 수도 있을 것 같고…. 이때 공
차장이 김 대리를 차 한 잔 하자고 불러낸다. 그러고는 주말 일정에 대해 부
탁한다. 대신 세미나에 참석해 달라는 것.
여러분이라면 어떻게 대응할 것인가? 아래는 김 대리가 대응을 잘 한 사례
로서 소개한 대본이다. 읽어보면서 나의 평상시 반응과는 어떤 점이 다른지,
나는 어떻게 거절을 할 것인지에 대해 생각해보자.


**공 차장** 김 대리, 미안한데 내일 나 대신 협회 세미나에 가줘야겠어. 내일이
장모님 생신인 걸 깜빡했어. 갈 수 있지? 점심도 준대. 오후 네 시간만 듣고,
자료 좀 가져와. 월요일 상무님께 보고 해야 하거든.
**김 대리** 그렇군요. 공 차장님. 하지만 내일은 제가 꼭 가야 하는 선약이 있
습니다.
**공 차장** 에이, 왜 이래. 여자친구도 없으면서 주말에 할 일도 없을 텐데. 그
러지 말고 다녀와.
**김 대리** 공 차장님 사정은 충분히 이해하는데요. 내일은 정말 안 됩니다.

**공 차장** 왜 그러는데? 무슨 일인지 말이나 해봐.

**김 대리** 개인적인 일입니다. 오랫동안 계획해온 것이고 내일이 그 첫날이라서요. 내일은 곤란합니다.

**공 차장** 좀 미루면 안 돼? 정말 나 한 번 안 도와줄 거야? 김 대리 회사 생활하면서 앞으로 내 도움 받을 일 없을 것 같아?

**김 대리** 당연히 차장님 도움을 받아야지요. 아시겠지만, 제가 따르는 상사이고, 저도 기회가 될 때는 항상 도움 드렸잖아요. 제가 정말 사정이 안 되어서 이렇게 말씀드린다는 것을 차장님이 이해해주시면 감사하겠습니다. 내일은 놓치면 제가 크게 후회할 일이거든요. 차장님 힘드실 텐데, 제가 다른 방식으로 차장님께 도움 드릴 수 있게 해주세요. 예를 들어, 누군가 월요일 아침에 세미나 자료를 가져오면 제가 한 장으로 요약해서 보고자료 만드는 것은 도움 드릴 수 있습니다….

**공 차장** 환장하겠네…. 김 대리 말고는 대신 갈 만한 사람이 없는데….

**김 대리** 공 차장님. 정말 난처하실 것 같습니다. 하지만 어떻게든 해결책이 있을 겁니다.

**공 차장** 난 김 대리가 내 편이고 잘 도와줄 거라 믿었는데 말야.

**김 대리** 그럼요. 제가 할 수 있을 때는 항상 도와 드렸고, 앞으로도 제가 할 수 있을 때는 당연히 도움 드릴 것이구요.

**공 차장** 알겠어.

**김 대리** 이해해주셔서 감사합니다. 가보겠습니다, 차장님.

# 거절과 도움 사이에서

### 스마트한 기버Giver가 되자

"만약 거절을 하지 못하는 내 모습으로 10년간 직장생활을 한다면 어떨 것 같으세요?"

전반적으로 거절을 잘 못한다고 스스로 평가한 직장인들과의 인터뷰에서 이런 질문을 했다. 이에 대해서는 긍정적 답변들도 나왔다. "'사람 좋다'는 평가를 받을 것 같아요" "인간관계를 잘 만들어온 사람" "사람을 남기는 직장인이 될 것 같다" "회사나 고객으로부터 좋은 평가를 받을 듯" "좋은 인사고과나 높은 연봉을 받을 수 있을 듯" 등등 ….

동시에 부정적 답변도 있었다. "인간관계만 좋은 사람으로 인식될

수 있을 것 같아요" "업무 효율성이 떨어질 것 같아요" "나의 개인
적 시간이 없어진다" "쉬운 사람 이미지를 얻게 될 것이다" "비효율
적인 사람이 될 것이다" "스트레스나 화병"까지….

베스트셀러《기브 앤 테이크》의 저자인 애덤 그랜트와의 인터뷰
를 소개한 국내 기사의 제목은 "호구의 재발견… '베푸는 자가 성공
한다'"[3]였다. 조직심리학 박사로서 그랜트 교수는 사람을 세 가지 부
류로 나누었다. '기버giver'는 남에게 받는 것보다 더 많은 것을 주려
고 하는 유형이고, 반대로 '테이커taker'는 남에게 도움을 베푼 것보
다 더 많은 것을 가져가려는 성향이며, '매처matcher'는 쉽게 말하면
'눈에는 눈, 이에는 이' 유형으로 남에게 받은 대로 갚아주는 사람들
이다. 그는 실제 직장에서 일하는 영업사원들을 이 세 부류로 나눈 뒤,
실적이 가장 높은 층과 중간 층, 그리고 저조한 층으로 나누어 분석을
했다. 그의 연구 결과에 따르면 기버의 성향을 가진 사람들은 가장 저
조한 실적을 나타낸다. 학술적 연구가 아니더라도 조직 생활을 해 본
사람이라면 충분히 예상할 수 있는 결과다. 받는 것보다 주기만 좋아
하면 남들에겐 먹잇감이 될 것이고, 그야말로 호구가 될 것이다.

그런데 그의 연구에서 놀라운 부분은 실적이 가장 좋은 최상위층
역시 기버가 많다는 점이다. 이쯤 되면 우리는 도대체 실적이 좋은
기버와 실적이 형편없는 기버의 차이가 무엇인지에 대해 궁금해진
다. 그랜트에 따르면 실적이 좋은 기버들은 '전략적' 성향을 갖고 있

다. 최상의 실적을 내는 기버들은 되도록이면 또 다른 기버나 매처에게 도움을 주며, 테이커에게 베푸는 것에 대해서는 조심스러워한다. 쉽게 말하면 실적이 뛰어난 기버들은 남들의 이익뿐 아니라 자신의 이익에도 관심이 높지만, 실적이 저조한 기버들은 자기 자신의 이익은 돌보지 않고 무작정 주는 것을 좋아한다는 것이다.[4]

남에게 거절을 못하는 수많은 소심남녀들은 남들을 밥 먹듯이 도와준다. 기버의 성향이 강하다. 남들에게 거절하지 못하고 도움을 주면 사람들로부터 좋은 평가가 돌아올 것이라 생각한다. 그리고 남의 요청을 거절하면 나쁜 사람이 된다고 생각한다. 나 역시 그들 중의 한 사람이었다. 하지만 이는 매우 단순한 이분법적 논리이다. 사회심리학에서 말하는 인지부조화cognitive dissonance 이론에 따르면 우리 인간은 스스로 틀린 행동을 하고 있다고 믿으려 하지 않는 성향이 있다. 자신이 옳다고 믿고 싶어한다는 것이다. 거절을 못하는 사람들도 이런 방식으로 스스로를 합리화한다. 거절을 못하는 것은 착한 것이라는 등식을 머릿속에 그리며 언젠가 보상이 돌아올 것이라 믿고 싶어한다.

남에게 '노no'라고 이야기하지 못하는 기버들에게 테이커가 되라고 말하는 것이 아니다. 기버의 성향을 유지하되, 좀 더 전략적이고 실적도 좋은 스마트한 기버가 되자는 것이 이 책의 목표이고, 또 내 삶의 목표이기도 하다.

대다수의 (뛰어나지 않은) 기버들은 거절하려는 마음과 도움의 사이에서 고민한다. 남을 잘 도와주어야 자신에게도 도움이 될 것이라는 믿음이 너무 강하기 때문에, 차마 거절을 선택하기 힘들어한다. 국내에서도 100만 권 이상이 판매된《설득의 심리학》에서도 상호성의 원칙을 통해 남에게 도움을 베푸는 것이 자신의 영향력을 높이는 데 도움이 된다고 말한다. 그럼 도움에 대한 그랜트나 치알디니의 조언과 이 책에서 논의하고 있는 거절을 잘해야 한다는 조언은 서로 상반되는 것 아닐까? 전혀 그렇지 않다. 이를 상반된 것으로 이해하는 이유는 그랜트나 치알디니가 이야기하는 상호성이나 도움에 대해 아직 제대로 이해하지 못했기 때문이다.

남을 도와주는 것이 우리 자신에게 도움이 되기 위해서는 다음을 고려할 필요가 있다. 만약 당신이 '기버'라는 생각이 든다면, 그리고 평소 남들에게 거절을 잘 못하는 사람이라면, 스스로에게 이런 질문을 한번 던져보라. '당신이 남들에게 도움을 주는 경우가 10번 정도일 때, 그중 그들이 도움을 요청하지 않았는데도 도움을 주는 경우가 있는가?' 예를 들어, 누군가 요청하지도 않았는데, 여러분이 우연히 알게 된 정보나 자료를 그것을 필요로 할 만한 사람에게 전달한다든지, 어떤 좋은 기회가 있을 때 이를 알려줄 필요도 없는데 연결을 시켜준다든지 하는 것 말이다.

반대로 '나는 남들이 요청할 때에만 거절을 못하고 계속 도와주고 있는 것은 아닌가?'도 스스로 물어볼 필요가 있다. 중요한 것은 내가 남에게 주는 도움이 내가 주도하여 베푸는 것인지 아니면 늘 남들의 요청에 의하여 주는 것인지를 살펴볼 필요가 있다. 도움에는 자기 주도적으로 베푸는 액션action으로서의 도움이 있는가 하면, 요청에 반응하는 방식으로 주는 리액션reaction으로서의 도움이 있다. 만약 내가 베푸는 도움들이 거의 리액션에 의한 것이라면 당신은 '호구'가 될 가능성이 상당히 높으며, 그랜트가 말하는 것처럼 도움은 도움대로 주고, 실적은 형편없는, 즉 건질 게 없는 기버가 될 가능성이 농후하다.

이 책에서 말하는 거절을 좀 더 잘하는 사람이 되자는 것은, 결론적으로 말하면 주도적 도움을 좀 더 잘 주는 사람이 되면서 거절도 주도적으로 할 수 있는 사람이 되자는 것이다. 이 부분은 매우 중요한데, 당신이 평소에 요청하지도 않은 도움을 주는 사람이라는 평판을 확보할 수 있다면, 당신이 어떤 요청에 거절의사를 표시한다 해도 주변 사람들은 그 거절에 대해 덜 섭섭해하고, 존중할 가능성이 높다. 거절을 잘하자는 것은 도와줄 때에는 화끈하게 도와주자는 것과도 상통한다. 앞의 사례에 나오는 D과장처럼 결국은 도움을 주고, 관계는 망치는 사례로는 가지 말자는 것이다. 과거보다 거절을 잘하면서, 또한 주도적 도움을 준다면 우리는 거절을 잘하는 스마트한 기버가 될 것이다.

## 2부

나는 내 마음을
그대로 전할
권리가 있다

'다른 사람들이 어떻게 생각할까?'에 대해 편집증이 있는 사람들에게:
나를 사랑하는 사람은 극히 소수이며, 단지 약간만 미워할 뿐이며,
거의 대부분의 사람들은 나에 대해 별로 신경 쓰지 않는다는 점을 기억하라.

**알랭 드 보통이 트위터에 남긴 말[5]**

"싫어요"라고 거절하는 것이 힘든 사람들은 보통 남에게 "싫다"는 말을 듣는 것도 끔찍이 싫어한다. 그래서 조금이라도 남들이 싫어할 만한 일은 시도조차 하지 않는다. 그 과정에서 자신의 삶에 있을 수 있는 좋은 기회들을 놓치곤 한다. "용기 있는 자가 미인을 얻는다"는 말은 거절당할 것이 두려운 사람은 더 좋은 짝을 만날 수 있는 기회도 날려버릴 수 있다는 뜻이다. "싫어요"라고 예전보다 용기를 내어 말할 수 있으려면 내 심리의 반대쪽, 즉 상대방으로부터 거절당할까 두려워하는 마음도 살펴보아야 한다.

거절에도 심리적 '근육'이 필요하다. 이 근육이란 무엇일까? 남으로부터 거절을 당하는 것을 두려워하는 사람들은 자신이 남에게 "싫어요"라고 말하면 그 사람이 상처받을 것이라 상상한다. 그렇기 때문에 상대방이 상처받을까 좀처럼 거절을 못하는 것이다. 실은 그렇지 않다. 당신이 상상하는 것처럼 그들은 상처받지 않는다. 거절의 근육을 키우려면 우선 '싫어요'라는 말을 들어도 그리 상처받지 않는 경험을 해야 한다.

2부에서는 우리처럼 거절이 힘든 사람이 거절의 근육을 훌륭하게 키운 사례들을 접한다. 그리고 거절을 삶의 디폴트 모드로 설정하는 것이 왜 우리 삶에 커다란 변화를 가져올 수 있는지, 그리고 그것이 왜 당신의 거절 근육을 쉽게 키울 수 있는 방법인지를 알게 해준다.

# 거절을 거절하기 위해 거절을 택한
## 소심남 이야기 1

**제이슨 콤리의 거절 테라피**

캐나다 온타리오에 거주하는 프리랜서 IT 기술자 제이슨 콤리Jason Comley는 아내에게 버림받고 우울한 나날을 보내고 있었다.[6] 그의 아내는 자신보다 키도 크고, 더 잘생기고, 돈도 더 많이 버는 남자에게 가버렸다. 젠장. 어찌 우울하지 않을 수 있겠는가! 그는 밖에도 나가지 않으며 사람들, 특히 여자들과의 만남은 극도로 자제했다. 그렇게 9개월을 보내던 어느 금요일 저녁, 침실 하나가 딸린 아파트에서 여전히 우울한 모드로 생각에 잠겨 있었다. 그는 자신이 우울한 이유에 대한 오랜 생각 끝에 자신이 무엇인가를 두려워하고 있다는 생각에 이르렀다. 하지만 정작 무엇을 두려워하는 것인지에 대해서는 도무지 생각이 정리되지 않았다. 그러던 중 갑자기 자신이 두려워하고 있는 대상이 '거절'이라는 결론에 이르게 된다.

골방에서 생각의 꼬리를 물며 고민하던 이 우울남은 난데없이 러시아 정예 특수 부대인 스페츠나츠Spetznaz의 훈련 장면을 떠올렸다. 이 부대에서는 두려움과 맞서는 훈련으로 군인 한 명과 성질 사납게 생긴 개 한 마리를 창문도 없는 깜깜한 방에 가둔다. 병사에게는 삽 한 자루만 주어질 뿐이다. 이 훈련의 원칙은 하나다. 삽을 들고 군인 한 사람이 살아나오든, 성질 나쁜 개 한 마리가 살아나오든, 둘 다 살아나올 수는 없다는 것. 따라서 으르렁거리며 자신을 노려보는 사나운 개와의 싸움을 무섭다고 계속 피해 다닐 수는 없다. 어두컴컴한 방 안에서 개를 두려워하는 자신의 마음속 두려움과 대면해야 하는 것이 이 특수 부대원의 운명이다.

아내를 빼앗기고, 새로운 여자도 만나지 않으면서 무려 9개월 동안 외롭게 지내던 콤리에게 창의적인 아이디어가 조금씩 다가오고 있었던 것일까? 콤리는 갑자기 스페츠나츠의 훈련방식이 자신의 현실과 어떤 연결점이 있는 것은 아닐까라는 생각을 하며 두 가지를 이리저리 연결짓고 있었다. 이 훈련의 기본 구도는 두려움을 계속 피해봐야 소용이 없으며, 결국 두려움과 마주해야 일이 해결되는 것이다. 문득 러시아 특수부대 병사가 두려운 개를 마주하듯, 자신도 두려움의 대상인 거절 그 자체와 마주해야겠다는 생각이 들었다. 그러고는 하루에 한 번씩 거절 당하기를 목표로 잡았다! 다른 사람이 부탁을 들어주면 실패, 거절하면 성공이라는 반전을 생각해낸 것이다. 그는 먼저 마트의 주차장에서 생전 처음 본 사람에게 차를 태워달라고 했다. 물론 그 사람은 거절했다. 콤리는 "땡큐!"라고 말했다. 그날의 목표를 달성했기 때문이다. 이는 그에게 패러다임의 변화였다. 그때까지 거절을 실패로 생각하고 두려워하다가 거절을 성공의 잣대로 삼게 된 것이다.

제이슨 콤리는 더 이상 거절을 두려워하지 않게 되었고, 우울증에서 빠져나와 삶의 활력을 찾을 수 있었다. 자신만의 '성공적인' 거절 경험을 기반으로 그는 '거절 테라피rejection therapy'라는 게임을 만들었고, 추천 거절 리스트를 카드로 만들어 팔기 시작했다(http:// rejectiontherapy.com/). 나도 그 카드를 구매했다. 카드에는 '처음 보는 사람에게 지폐를 건네며 동전으로 바꿔달라고 요청하기' '상사에게 월급 인상 요구하기. 만약 무직이라면 일자리를 달라고 부탁하기' 에서부터 '레스토랑에서 주방을 구경시켜달라고 말해보기' '이웃집 대문을 두들긴 후 무엇인가 부탁해보기'까지 다양한 거절 치료법 리스트가 담겨 있다.

그의 거절 치료법은 전 세계 수많은 사람들에게 도움을 주었다. 콜로라도의 교사로부터 일본의 컴퓨터 프로그래머까지. 심지어 홀로된 러시아의 할머니는 남자친구를 얻기 위해 거절 치료법을 사용했

다고 알려왔다. 중국 베이징 출신의 30대 청년 지아지앙Jia Jiang도 그
중 한 사람이었다.

# 거절을 거절하기 위해 거절을 택한
## 소심남 이야기 2

**지아지앙의 거절 100일 프로젝트**

지아지앙은 베이징에서 자랐다.[7] 열네 살이 되던 해 베이징을 방문한 빌 게이츠의 연설을 듣고 너무나 큰 감명을 받은 나머지 앞으로 빌 게이츠처럼 새로운 길을 개척하는 기업가가 되겠다는 꿈을 꾸게 된다. 열여섯 살이 되던 해 그는 꿈을 실현하기 위해 미국으로 건너 갔다. 미국에서 컴퓨터 공학과 MBA를 공부한 뒤 창업이 아닌 취업과 결혼을 했고, 자동차와 집도 샀다. 억대 연봉을 받으며 남들이 보면 부러워할 만한 직장에 다녔지만 무엇인가 마음속에 채워지지 않는 것이 있었다.

서른이 되던 해 그는 자신이 원래 미국에 왔던 목적, 즉 기업가가 되는 꿈을 잊고 살아왔다는 사실을 깨닫게 되었다. 조심스럽게 출산을 앞둔 아내에게 자신의 생각을 이야기했다. 의외로 아내는 쿨하게 허락했다. "그럼 약속해줘. 6개월 동안 당신이 하고 싶은 창업을 시도해보고, 대신 6개월 이내 투자 유치 등 가시적 성과가 없다면 다시 직장으로 돌아가 일하겠다고." 아내의 마음이 변하기 전 그는 직장을 그만두고 창업을 시작했다. 사표를 낸 날로부터 나흘 뒤, 그의 아내는 아이를 출산했다! 지아지앙은 사람들을 모으고 창업 준비를 해 나갔다.

6개월 중 4개월이 되었을 때 친구의 파티장에서 지난 수개월 동안 공들여온 투자자로부터 명확한 이유나 설명 없이 투자를 하지 않겠다는 거절 이메일을 받게 된다. 그는 파티장을 빠져나와 울음을 터뜨리고 말았다. 크게 실망한 그는 2개월 동안 다른 무엇을 시도하기보다 차라리 직장을 알아보는 게 낫겠다는 생각을 하게 된다. 하지만 그의 아내는 대차게 말했다. "난 당신에게 6개월을 주었지, 4개월을 준 게 아냐. 아직 두 달이나 남았다구!"

투자자의 매몰찬 거절로부터 크게 상처를 받고 실망했던 지아지앙은 구글 검색 중에 제이슨 콤리의 '거절 테라피'를 발견하게 된다. 그리고 야심 찬 목표를 세운다. 매일 한 번씩 100일 동안 거절을 당하는 목표를! 거절에 대한 자신의 두려움이 지나쳤으며, 이는 창업자의 꿈을 이루는 데 반드시 극복해야 할 장벽이라고 생각했기 때문이다.

지아지앙은 100일에 걸쳐 실제 100번의 거절을 당하기 위한 프로젝트를 진행하고, 이 경험을 영상으로 찍어 자신의 블로그에 올리기 시작한다. 첫 번째 실험은 처음 본 사람에게 가서 100달러를 빌려달라고 하는 요청이었다. 물론 거절당한다. 두 번째 실험은 햄버거 한 개를 시켜 다 먹은 후, 매장 직원에게 "햄버거 리필해주실래요?" 하고 요청하는 것이었다. 매장 직원은 햄버거 리필이 뭐냐고 물으며 황당해한다. 지아지앙은 음료는 리필이 되는데 왜 버거는 리필이 안 되느냐고 물으며 리필을 요청했다. 물론 이 요청도 거절당한다.

하지만 그의 요청들이 모두 거절당한 것은 아니었다. 그의 열아홉 번 째 시도는 사우스웨스트 항공사의 비행기에 탑승해서 기내 안내 방송을 자신이 대신 하게 해달라고 부탁한 것이었다. 승무원은 안전에 관련된 것은 안 되지만, 환영 메시지는 얼마든지 하라고 흔쾌히 승낙해준다. 스물세 번째 시도는 스타벅스 매장을 찾아 자신이 입구에 서서 들어오는 손님들에게 "스타벅스에 오신 것을 환영합니다"라고 인사해도 되겠냐고 물어본 것이었다. 직원은 지아지앙이 무엇인가를 손님들에게 판매하려는 것인지 곤혹스러운 표정을 짓다가 인사만 하는 것이라면 괜찮다고 승낙한다(지아지앙이 스타벅스 앞치마를 빌려 입고 서 있어도 되겠느냐는 요청에는 거절했다). 마흔한 번째 요청은 길거리의 경찰관에게 경찰차의 운전석에 앉아서 사진을 찍어도 되겠느냐는 것이었다. 놀랍게도 경찰관은 그렇게 하도록 승낙했다.

아마도 그가 '실패'로 가장 크게 감동한 날은 세 번째 시도였던 것 같다. 그가 TED 강연에 발표자로 나와서 자신의 삶은 도넛 이전(BD: Before Doughnuts)과 도넛 이후(AD: After Doughnuts)로 나뉜다고 했으니 말이다. 그는 우리나라에도 진출한 크리스피 도넛 가게에 가서 자신을 위해 올림픽 오륜기처럼 도너츠를 만들어줄 수 있겠느냐고 묻는다. 물론 그는 거절당할 것으로 예상했다. 그래야 그날도 프로젝트 성공이기 때문이다. 그런데 점원은 고민하더니 구글에서 오륜기를 찾아, 그에게 예쁜 오륜 도너츠를 만들어준다. 더욱 놀라운 것은 지아지앙이 돈을 내려고 하자, 괜찮다면서 공짜로 준 것이다! 그리고 100번의 거절 프로젝트 중 거절당하기에 성공한 경우에도 생각보다 그렇게 크게 상처받지 않는다는 것을 깨달았다.

## "평생 거절의 문이 기다리고 있다!"

### 로버트 드 니로의 명연설

콤리와 지앙의 실험이 우리에게 던지는 메시지는 무엇일까? 핵심은 거절이 우리 삶에서 기본 옵션, 상수라는 것이다. 우리는 거절을 예외적인 것으로 생각하거나 그렇게 만들도록 노력한다. 사실, 거절당하는 횟수를 최소화하기 위해 할 수 있는 것은 거절당할 가능성이 있는 일은 아예 시도하지 않는 것이다. 어떤 사람은 거절당할 가능성이 조금이라도 있다면 시도 자체를 하지 않는 반면 어떤 사람은 거절당할 가능성이 있더라도 웬만하면 일단 시도를 해본다. 문제는 지아지앙의 100번 거절 실험 사례에서 보았던 것처럼, 거절을 목표로 일을 저지르는 경우에도 생각했던 것보다 훨씬 많이 거절당하는 것에 실패한다. 즉, 거절이 두려워 시도 자체를 하지 않는 것은 실패의 가능성을 줄이는 것이 아니라 성공의 가능성을 줄이는 행위이다.

세계적인 제약회사인 한국 화이자의 황성혜 전무. 신문기자생활을 접고 제약회사로 이직한 그녀의 인생 슬로건 중 하나는 '낫씽 투루즈nothing to lose', 즉 '잃을 게 없다'이다. 실패의 가능성이 있다 하더라도 그녀는 기회가 있으면 담대한 시도를 한다. 이러한 많은 시도속에서 뜻하지 않은 새로운 기회를 만나게 되고, 결국은 성공으로 연결이 된다. 실제 그녀는 정책, 홍보, 약가 업무 등 다양한 영역을 가로지르며 자기만의 성공을 만들어왔다. 부장에서 이사로, 상무로, 전무로, 그리고 2016년에는 뉴욕에 있는 본사 마케팅 본부로 가서 근무하게 되었다.

세계적인 경영대학원인 미국 펜실베이니아대학교 와튼스쿨에서 심리학 전공자로 20대에 종신교수가 된 애덤 그랜트. 베스트셀러《기브앤테이크》에 이어 역시 출간과 동시에 베스트셀러에 오른 책《오리지널스》는 창의적인 아이디어를 성공시키는 과학적 방법에 대한 것이다. 그는 창의적 아이디어를 성공시키는 방법은 엄청난 양의아이디어를 대량으로 만들어내는 것이라고 말한다. 예를 들면, 아인슈타인이 상대성 이론에 대한 창조적인 논문으로 유명하지만, 동시에 그가 쓴 250편에 가까운 논문 대부분은 영향력을 발휘하지 못했다. 베토벤, 모차르트, 바흐도 평생에 걸려 작곡한 작품들 중 10퍼센트 미만이 성공적인 작품으로 꼽힌다.

거절과 외면은 성공의 필수 조건이다. 거절당하는 것이 두려워 시도하지 않는다는 것은 결국 성공을 시도하지 않는 것과 같은 말이다. 거절을 접하는 순간 우리는 성공에 더 가까워져 있는 것이다. 거절은 성공의 디폴트default이다.

거절을 삶의 상수로 생각하게 되면 훨씬 마음 편하게 새로운 일에 도전해볼 수 있게 된다. 누구에겐가 말을 걸어볼까 말까, 부탁을 해볼까 말까 고민이 될 때에 '거절은 기본 상수이고, 재수가 좋으면 될 수도 있겠지!'라고 생각하면 상대방이 거절하더라도 상처를 덜 입을 수 있고, 때로는 생각지 않게 일이 잘 풀릴 수도 있다. 실제 콤리와 지앙의 사례를 접하고 나서 나는 때로 누군가로부터 거절의 의사를 받으면 속으로 '예스'라고 외친다. 거절이 단순한 거부가 아니라 또 다른 성공에 한 발 다가서는 계기임을 직감하기 때문이다.

거절에 대한 두려움으로 시도를 하지 않는다면 수많은 기회를 놓치는 것과 마찬가지라는 점을 꼭 기억하시길! '거절의 역설'이란 것이 있다면 이렇게 요약할 수 있다. 거절에 익숙해져야 거절을 극복할 수 있으며, 성공의 가능성을 높일 수 있다고.

이제 거절에 관한 명연설로 여러분을 초대하려 한다. 국내에도 기사를 통해 소개된 적이 있는데 배우 로버트 드 니로가 미국 뉴욕대학교의 티시 예술대학 2015년 졸업식에서 행한 연설이다. 이 책을 쓰는 동안 몇 번이고 이 동영상을 돌려보았다(여러분도 이 동영상을 한번 꼭 봤으면 좋겠다. 구글에서 'Robert De Niro-Tisch Salute 2015'로 검색하면 된다). 이 책을 쓰면서 원고 진도가 잘 나가지 않을 때면 차를 끓여 놓고 헤드폰을 쓰고서 이 동영상을 틀어보곤 했다. 그는 연설 첫머리에서 "티시 졸업생 여러분. 드디어 해냈군요!"라고 축하의 인사를 건네는 동시에 놀랍게도 "여러분은 이제 망한 것이나 마찬가지입니다!"라는 뜻의 "You're fucked!"라는 대담한 말로 졸업식장에 놀라움을 선사한다. 로버트 드 니로 뒤로 살짝 당황한 노교수가 보이는가 하면 웃음을 터뜨리는 젊은 교수도 보인다.

그러고는 예술대학을 졸업하고 사회로 나가는 학생들에게 그는 "평생 거절의 문이 기다리고 있다"고 경고한다. 물론 이 거절의 문이 두려워 두드리지 않는다면 우리는 결코 성공에 다가설 수 없다. 졸업생들이 예술가로서 살아가면서 영화감독으로부터, 출판사와 프로듀서, 제작자로부터 받게 될 무수한 거절에 대해 미리 경고한 것이다. 명배우 로버트 드 니로 역시 지금까지도 거절을 경험하고 있으며 많은 경우 고통스러운 경험이었음을 그는 솔직히 고백한다. 하지만 "모든 이야기들을 듣고, 내 마음속의 소리도 들으라"고 충고한다. 거절의 문을 계속 마주해야 하는 사회에서의 삶이 힘든 것이기는 하지만, 직접 부닥치고 문을 두드리고 대담하게 모험해보라고 격려한다. 그리고 졸업생들에게 다음과 같이 이야기한다.

"오늘 제 눈에는 여러분이 학사모와 가운이 아닌 맞춤 티셔츠를 입고 있는 듯 보입니다. 뒤에는 '거절-개인적으로 받아들이지는 말길'이라는 문구가 적혀 있고 앞에는 여러분이 중요하게 여기는 모토, 주문, 슬로건인 '다음번에'라고 적혀 있지요. 이번에 역할을 따지 못했다면, 제가 하고 싶은 말은 '다음번에'입니다. 다음번 혹은 그 다음번에 역할을 맡게 될 수도 있습니다."

고통스럽다고 거절을 피해 다닌다면 삶에서 기회도 얻을 수 없다는 메시지를 로버트 드 니로는 담담하게 손녀 손자에게 이야기하듯 풀어간다. 국내 언론에서 일부 요약하여 소개하기도 했지만, 이 연설문 전문을 번역하여 이 책의 부록에 옮겨 놓는다. 배우가 예술을 지망하는 졸업생들에게 한 축사이지만, 세상을 살아가는 우리에게 늘 훌륭한 영감을 주는 이 연설문의 전문 번역을 꼭 읽어보시길.

우리 삶의 길목에는 끊임없이 거절당하는 일과 거절해야 하는 일들이 놓여 있다. 거절에 맞닥뜨렸을 때 바로 '아 거절은 삶의 기본이지'라고 떠올릴 수만 있어도 절반은 성공이다. 거절 근육이 생기는 일은 그렇게 어려운 일이 아니다.

# 거절 민감성rejection sensitivity

거절에 대한 민감도가 높은 사람들은 어떤 특징을 보일까? 심리학자들은 이 문제에 대한 연구를 진행해왔다. 《마시멜로 테스트》로 유명한 심리학자 월터 미셸Walter Mischel은 이러한 연구결과를 종합하여 거절 민감성이라는 '해로운 성향'에 대해 설명한다.[8] 거절 민감성이 높은 사람들은 주변 사람들에게 거절을 당하지 않을까 두려워하며, 그렇게 거절당했을 때의 나를 상상하며 괴로워한다. 거절 민감성이 높은 사람들은 거절 민감성이 낮은 사람에 비해 대인 관계 지속에 있어서도 문제가 있다는 점을 밝힌다. 우리가 제이슨 콤리의 거절 테라피, 지아지앙의 거절 프로젝트, 로버트 드 니로가 조언하는 '거절의 문'에 귀를 기울여야 하는 이유이다. 거절을 디폴트, 즉 삶의 기본 조건으로 정해놓고, 거절에 대한 맷집을 키우는 것은 단순히 좀 더 적극적이 되는 것이 아니라, 이것이 내 삶의 행복과 성공에 직접적인 영향을 줄 수 있다는 점을 꼭 기억하자.

## 3부

# 당신이 거절을
# 잘하지 못 하는 이유

"훌륭한 이론보다 더 실용적인 것은 없다."

커트 르윈Kurt Lewin, 1952


"행복하고 존엄한 삶은 내가 결정하는 삶이다."

페터 비에리, 《자기 결정》

거절에 대해 이론적으로 살펴보는 것이 현실적으로 무슨 도움이 되고 어떤 의미가 있을까? 이 책을 위한 인터뷰에 참여한 일부 응답자들 중에는 "거절 자체에 대한 필요성을 크게 느끼고 있지 않다"라고 말한 사람도 있었다. 이는 두 가지 경우가 있는데, 하나는 본인의 '거절능력'에 대해 스스로 만족하고 있어서이거나 또 다른 경우는 '거절을 잘 못하지만, 난 이대로 살고 싶다'라고 생각하기 때문인 듯했다. 후자의 경우는 거절을 하면 상사나 주변 사람들이 자신을 부정적으로 평가할 것이고 자신에게 득이 되지 않는다고 생각한다. 물론 이런 분들이 이 책의 독자는 아닐 것이다. 만약 당신이 여기까지 읽고 있다면 '나는 거절을 좀 더 잘하고 싶다'라는 욕구가 자기 안에 있기 때문일 것이다. 나 역시 그런 욕구를 강하게 느끼고 있다.

거절을 잘하고 싶다는 것은 일종의 자기 변화에 대한 욕구이다. 변화란 어떻게 가능할까? 먼저 의도intention와 인지awareness가 필요하다. 의도란 '변화하고 싶다'는 욕구를 뜻한다. 변화할 생각이 없는 사람에게 책을 읽게 하거나 강제로 교육을 받게 해도 그 효과는 거의 없다. 모든 변화의 출발점은 변화하고 싶다는 관심과 욕구이다. 거절에 대해 관심을 갖는 많은 사람들은 이러한 의도를 갖고 거절에 대한 방법을 찾는다. 하지만 방법을 찾기 전에 거쳐야 하는 중요한 과정이 있다. 바로 인지이다. 인지란 쉽게 말해서 자신의 모습을 거울에 비춰보는 것이다. 거절이나 부탁과 관련된 평상시 자신의 모습을 한 걸음 떼어 놓고, 자기 자신을 들여다보면서 어떤 부분을 개선하고 싶은지 명확하게 파악할 필요가 있다.

좋은 이론은 우리에게 자신을 비춰볼 수 있는 훌륭한 거울이 된다. 경영 사상가인 사이먼 사이넥Simon Sinek은 왜why라는 질문에 대한 답이 서지 않은 상태에서 어떻게how라는 방법만 찾을 때의 위험에 대해 경고한다. 거절과 관련된 이론들은 바로 '왜?'라는 질문에 대한 답을 좀 더 구체적으로 할 수 있도록 돕는 역할을 한다. 3부에서는 거절과 관련된 이론과 학자들의 의견들을 살펴볼 것이다. 되도록 알기 쉽게 설명한 이론들을 읽으면서 이론 자체를 이해하는 것에 초점을 두기보다 이론을 통해 나 자신을 한번 돌아보는 기회가 되었으면 한다. 그래야 왜 내가 변해야 하는지, 그리고 변화 이후의 내 삶이 어떨지 좀 더 뚜렷이 알게 될 것이다.

# 거절과 소외감

**뇌과학의 거부 실험**

 

다른 사람의 요청에 거절하면 앞으로 상사나 동료들로부터 소외되지는 않을까 하고 걱정하는 경우가 있다. 인터뷰에 참여했던 대기업 직원인 30대 초반 여성은 거절을 하면 상대방이 나를 안 좋게 볼 것 같아 걱정된다고 말했다. 상대방이 나의 요청을 거절할 때처럼 내가 거절할 때 상대방이 불쾌하게 느낄 것 같아 염려된다는 말도 했다. 중소 유통업체 영업팀 과장으로 근무하는 30대 중반 남성 역시 거절을 못하는 이유로 향후 부정적 평판이 만들어지지 않을까 하는 걱정을 얘기했다. 이처럼 남의 요청에 거절을 못하는 이유도 남에게 부탁을 못하는 이유도 소외감에 대한 두려움과 연결이 되어 있다.

그렇다면 사람들로부터 소외되는 느낌이란 어떤 것일까? 과연 두려워할 만한 대상일까? 소외당한다고 느낄 때 인간의 뇌가 어떻게 반응하는지를 과학적으로 연구한 사람들이 있다. 심리학 교수인 나오미 아이젠버거Naomi I. Eisenberger와 매튜 리버만Matthew D. Lieberman, 키플링 윌리엄스Kipling D. Williams는 사회적 소외 현상에 대해 매우 독창적이고 흥미로운 연구 결과를 〈사이언스Science〉지에 발표한 적이 있다.[9]

리버만과 아이젠버거 부부는 미국 UCLA 대학교 심리학과 교수인데, 이들은 사람 사이에서 거부를 당할 때 뇌가 어떻게 반응하는지를 자기공명영상장비를 활용하여 연구했다. 피실험자를 뇌 영상을 찍는 커다란 기계에 눕혀놓고 어떻게 거부당하는 경험을 느끼게 만들 수 있을지가 고민이었다. 그러던 중 우연히 호주의 학회에서 키플링 윌리엄스가 고안한 사이버 볼 게임에 대해 듣게 되고 이를 이용하여 실험을 하게 되었고, 그 결과 학계는 물론 언론에서도 관심을 갖게 된 연구가 등장했다.[10] 사이버 볼 게임은 옆 페이지 그림을 보면 잘 이해가 될 것이다.

실험자는 자기공명영상 스캐너에 누워 이 그림을 보게 된다. 상단에 두 사람이 있고, 아래 손이 보이는데 실험자는 자연스럽게 그 손의 주인공을 자신이라고 여긴다. 처음 실험이 시작되면 세 사람이 공을 주고받는다. 그러다가 갑자기 그림에 나타나 있는 두 사람이 나

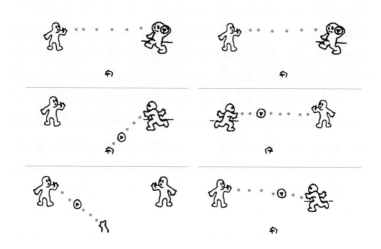

■ 아이젠버거, 리버만, 윌리엄스의 연구에서 사용한 사이버 볼 게임 화면의 예[11]

에게는 패스를 하지 않고 자기들끼리 공을 주고받는다. 즉, 스캐너 안에 있는 나를 소외시킨 것이다. 이때 뇌에는 어떤 변화가 생겼을까? 소외 현상을 경험할 때 인간의 뇌에서는 배측 전대상피질dorsal anterior cingulate cortex의 활동이 활발해졌는데, 이 부위는 놀랍게도 신체적 고통을 느낄 때, 즉 피부에 상처를 입거나 다리를 삐었을 때 활성화되는 부위이다. 이 연구의 중요한 발견은 사회적 고통과 신체적 고통의 생물학적 매커니즘이 유사하다는 것이다.

누군가로부터 소외당할까 두려워 거절을 제대로 못하는 것은 어쩌면 생존을 위한 매커니즘인지도 모른다. 우리가 신체적 고통physical pain을 피하려고 하듯이 사회적 고통 social pain을 피하기 위해 거절이나 부탁을 제대로 못하는 것일 수 있다. 그럼 거절도 부탁도 제대로 못하는 사람들은 계속 그렇게 살아가야 할까?

여기에서 우리가 오해하지 말아야 할 중요한 한 가지가 있다. 남의 요청에 내가 거절한다고 해서 반드시 사람들로부터 소외당하는 것은 아니라는 사실이다. 거절을 잘하게 된다는 것이 사람들의 요청을 100% 거절한다는 의미는 아니며, 내가 거절한 모든 사람이 나를 소외시키는 것도 아니다. 오히려 거절을 못하는 사람은 다른 사람의 요청을 100% 가까이 들어주려 하다 보니 문제가 발생한다. 다른 사람의 요청을 다 들어준다고 해서 내가 소외를 당하지 않을 거라 생각한다면 이는 큰 오해다. 오히려 늘 다른 사람의 요청을 들어줌으로 인해 내가 호구로 인식되고 소외될 가능성에 대해 한번 생각해볼 필요가 있다. 내가 거절한다고 나를 소외시키거나 미워할 사람은 나에 대한 신뢰가 떨어지거나 하면 언제든 나를 소외시킬 것이다.

거절을 잘한다는 의미는 마음속에서 불편하게 느끼거나, 무리하다고 생각되는 요청에 대해서 솔직하게 자신의 의견을 표명하는 것이다. 논리적인 사람이란 모든 일을 논리적으로 생각하고 처리하는 사람이 아니라 논리적이어야 할 때에 논리를 발휘하는 사람이듯(사랑을 논리적으로 하는 사람은 전혀 논리적이 아니다!), 거절을 잘하게 된다는 것은 내 마음속의 진실이 무엇인지를 헤아려, 자신이 받아들일 수 없는 상황이거나 무리하다고 생각될 때, 이를 상대방에게 표현하는 것이다.

그럼 상대방으로부터 거절을 당할까 두려워 부탁을 못하는 경우는 어떻게 생각해야 할까? 상대방으로부터 작은 거절을 당하면 상처를 입는 성격이라고 하자. "아무것도 하지 않으면, 아무 일도 일어나지 않아!"[12] 라는 한 맥주의 광고 카피처럼 거절에 대한 상처가 두려워 아예 부탁이나 시도를 하지 않게 되면, 우리는 많은 기회로부터 멀어지게 된다. 물론, 이런 사람의 경우 선택은 오로지 당사자에게 달려 있다.

앞서 소개한 지아지앙의 사례처럼 거절당하는 것을 디폴트 모드로 설정하고, 상대에게 부탁할 때부터 '아마 거절할 가능성이 높지만, 한번 시도해보는 거지'라는 마음을 기본으로 깔고 심지어 '거절을 목표로' 행동을 하게 되면, 거절에 대한 근육이 빠르게 형성될 것이다. 우리가 신체적 근육을 키우기 위해 운동할 때 일정 부분 고통을 느끼듯, 거절에 대한 심리적 근육을 키우기 위해서도 어느 정도는 고통을 감수할 각오가 되어 있어야 한다. 운동을 통해 멋진 근육을 키우듯, 거절에 대한 심리적 근육은 과거 만나지 못했던 새로운 기회와 심리적 해방감을 선사한다.

결론적으로 거절과 소외감은 연결되어 있지만, 거절을 한다고 해서 내가 꼭 소외되는 것도 아니고, 거절을 안 한다고 해서 소외당하지 않는 것도 아니다. 적절한 거절은 오히려 당신의 가치에 대한 타인의 인식을 상승시키는 작용을 가져온다. 연애에서 밀당이 중요하다고 말한다. 심리적으로 늘 "예스"라고 말하는 사람은 매력을 잃게 마련이다. 오히려 소외당할 가능성이 높아질 수 있다. 직장 내 혹은 친구 간의 관계에서 만약 '상대방이 어떻게 생각할까?'에 지나치게 집중해왔다면, 이제는 '나는 어떻게 생각하는가?'에 좀 더 귀를 기울이고, 이를 상대방에게 잘 전달할 수 있도록 노력해보자. 어떻게 자신의 생각에 귀를 기울이고 상대에게 전달할지에 대해서는 4부에서 좀 더 상세하게 다룰 것이다.

# 과제의 분리

**《미움받을 용기》가 주는 교훈**

2015년 국내 서점가 베스트셀러 1위를 차지한《미움받을 용기》에서 우리가 주목해야 하는 개념이 바로 '과제의 분리'이다.[13] 이 개념에 대해 잘 이해하면, 마음속의 갈등이 생길 때마다 '어디까지가 나의 과제인가?'라는 질문을 스스로에게 던져보는 것만으로도 큰 도움이 됨을 알 수 있다.

이 책의 핵심 메시지는 다른 사람들의 기대를 만족시키기 위해 너무 신경 쓰지 말라는 것이며, 상사나 동료, 부모나 형제, 자매 등의 인정을 받기 위한 노력이 우리의 자유를 빼앗고 있다고 진단한다. 특히 우리 사회처럼 개인 생활 없이 서로 촘촘하게 연결되어 있는 사회에서는 교토 출신의 철학자 기시미 이치로가 쉽게 풀어낸 심리학자 알프레드 아들러의 말에 귀 기울일 필요가 있다. 거절을 못하는 사람들은 모든 사람으로부터 칭찬을 받으려고 하며 적을 만들지 않으려고 끊임없이 노력하면서 정작 자신의 자유는 스스로 빼앗고 있다. 나를 좋아하지 않는 사람이 나타나면 이를 불편해하는데, 이치로는 이러한 마음이 바로 상대의 과제에 개입하는 보상적 발상이라고 이야기한다.

과제의 분리란 자신의 판단에 따라 행동하되, 이에 대해 다른 사람이 어떻게 생각할지는 내가 관여할 수 있는 과제가 아니라 타인의 과제라는 것이다. 이 글을 쓰는 나 역시 남에게 어떻게 보이는지를 많이 신경 쓰는 타입이다. 《미움받을 용기》를 읽으면서 과제의 분리라는 개념은 내게 많은 도움을 주었다. 마음이 편해졌다는 이야기다. 과거에는 내가 이렇게 행동하거나 말하면 다른 사람이 어떻게 생각할까에 지나치게 많은 신경을 썼다면, 이제는 다른 사람의 반응은 내가 관여하거나 통제할 수 있는 과제가 아니라고 생각한다.

이론적 개념이 매우 쓸모 있다고 생각되는 것은 바로 이런 부분이다. '과제의 분리'라는 개념을 사람 사이의 불편한 상황이 생길 때마다 떠올리며 나는 스스로에게 질문을 던진다. '어디까지가 나의 과제인가?' 누군가가 내게 어이없이 화를 낼 때 이런 질문을 던지고 나면, 그가 화를 내는 것은 나의 과제가 아니며, 그 사람이 해결해야 할 과제라고 생각하게 된다. 이런 생각을 하게 되면 그 상황에서 좀 더 여유 있게 반응하게 된다. 저자의 말대로 이 상황에서 내가 해야 할 과제는 '내가 그 사람을 어떻게 대할 것인가?'이다. 이쯤 되면 예상하겠지만, 미움받을 용기가 있어야 자유인으로서 살 수 있다는 것이 이 책의 메시지다.

거절과 부탁을 잘하지 못하는 사람들 중에는 모든 이들로부터 좋은 이야기를 들으려고 하는 성향이 강한 사람이 많다. 나 역시 그런 성향이 강한 사람이다. 그러나 모든 사람으로부터 좋은 평가를 받을 필요가 없다고 생각하는 순간 마음의 평화가 찾아오는 것을 느낄 수 있다. 누군가가 나를 싫다고 생각한다면 그것은 그의 과제이지 내가 해결해야 하는 과제가 아니며, 이렇게 과제를 분리하는 순간 크게 걱정할 필요가 없게 된다.

이 대목에서 이런 질문이 들 수 있다. 친구나 동등한 관계에서는 미움받을 용기를 낼 수도 있겠지만 직장에서 상사에게 미움받을 용기를 냈다가는 얼마 못 가서 회사에서 쫓겨날 것이라고. 우선 이런 생각을 할 때, 우리 자신이 양극단만 생각하는 것은 아닐까 돌아볼 필요가 있다. 미움받을 용기에 대해 읽으면서 '항상 미움받는 상황'과 '항상 미움받지 않는 상황'만을 생각한 것은 아닌지. 미움받을 용기란, 살다 보면 때로 미움을 받을 수도 있으며, 그럴 때 남들이 나를 미워하는 부분과 나 자신의 전체를 분리하는 용기인 것이다. 서울대병원 정신건강의학과 윤대현 교수는 '미움받을 용기'라는 제목이 오해를 불러일으킬 수 있다고 지적하면서, 이 책에서 의미하는 용기는 심리학적 용기로서 그 뜻을 '좋아하든가 말든가 있는 그대로 날 보여주는 용기'라고 풀어낸다.[14]

다시 상사와의 관계로 돌아와서 생각해보자. 상사로부터 미움을 받게 되면 성공하지 못할 것이라는 생각에 대해 이 책은 '인생의 거짓말'이라는 말로 설명한다. 즉, 상사로부터 미움을 받아 성공 못하게 되는 것이 아니라 실은 자신이 성공 못하는 이유를 상사의 미움 때문이라고 정당화시키는 거짓말이라는 뜻이다.

만약 상사에게 거절이나 부탁을 했다가는 내 성공에 피해가 올 것이라는 걱정이 든다면 이렇게 말하고 싶다. 하나는 그 짐작이 틀릴 수 있다는 점, 즉 상사에게 솔직하게 당신이 느끼는 점을 이야기하면서 거절이나 부탁을 하더라도 당신의 성공에 큰 결함이 되지 않을 가능성이 생각보다 높다는 것이다.

이 부분을 듣고 나서 이렇게 이야기할지 모른다. 만약 거절이나 부탁을 했다가 불리한 상황에 놓이게 된다면? 앞장에서 살펴보았듯, 우리는 거절을 상사에게 맞서는 것으로만 생각하는 성향이 있다. 얼마든지 세련된 거절을 할 수 있으며, 적어도 지금까지의 나보다 더 내 의견을 표출하며 좀 더 주도적인 삶을 살아갈 수 있다. 거절이나 부탁을 하지 않고 항상 "예스"라고 거짓말을 하면서 당신의 성공을 담보해야 하는 환경이라면, 그 상황으로부터 빠져나와야 할지 모른다.

때론 그게 직장을 옮기는 것이라 할지라도.

《오리지널스》에서 애덤 그랜트는 상황을 변화시키는 주도적인 삶을 살기 위해서는 조직 내에서 자기 마음속의 진실을 표출하거나 아니면 다른 곳으로의 탈출을 준비하는 것이 필요하다고 말한다. 이러한 행동을 했을 때 그 결과의 성공이 보장되는 것은 아니지만, 표출이나 탈출과 같은 시도를 했을 때, 아무것도 하지 않고 순응하는 경우보다 후회를 덜 하게 된다는 연구 결과도 있다.[15]

거절에 대해 고민하고 내가 살아온 방식을 돌아보는 것이 의미 있는 이유는, 우리가 왜 삶을 살아가는지에 대해 한 발 물러나 새롭게 바라볼 수 있기 때문이다. 우리는 직장에서 쫓겨나지 않기 위해 살아가는 것이 아니며, 상사에게 늘 "예스"를 한다고 직장이 우리를 보호해주는 것도 아니다. 나의 경쟁력이 다른 사람의 부탁에 거절 못하고 늘 "예스"를 말하는 것이라면, 즉 예스라고 말하지 않고 때로 "노"라고 이야기해서 내가 직장에서 성공할 수 없다면 이 직장에 대해서, 그리고 나의 삶에 대해서 진지하게 생각해봐야 하는 게 아닐까?

아들러 심리학에서 말하는 과제의 개입은 상사와 부하의 관계뿐 아니라 부모와 자녀 사이에서도 똑같이 적용된다. 사실상 우리는 자녀의 과제에 과도하게 개입하는 부모가 많은 사회에서 살고 있으며, 이러한 자녀교육 방식이 결국 학교에서는 교사가 학생의 과제에, 직장에서는 상사가 부하의 과제에 끊임없이 개입하게 만드는 첫 출발점이다. 이런 점은 심각한 문제라고 생각한다.

나는 이런 관점에서 나와 아내를 비교해보게 되었다. 나의 부모는 자녀의 과제에 끊임없이 개입하는 스타일이었다. 공부를 늦게까지 하는지 확인하며 차를 가져다 주고 아침에 못 일어날 때마다 깨우는 것에서부터 연애사까지! 물론 내가 큰 어려움 없이 자랄 수 있도록 길러주신 고마운 부모님이지만, 과제 개입이란 측면에서 보면 나의 부모는 지나친 과제 개입형이었다.

반면 내 아내는 어릴 적부터 부모님이 자녀의 과제에 거의 개입하지 않는 편이었다. 예를 들어 초등학교 시절 아침에 늦게 일어나서 학교에 지각할 정도가 되더라도 부모님은 절대 깨우지 않았다고 한다. 성적이 좋지 않아 대학을 못 간다면 빨리 취직해서 사회생활을 일찍 시작하는 것도 나쁘지 않으니 스스로 선택하라고 진지하게 논의했다고 한다. 그래서일까. 내 아내는 나보다 훨씬 더 좋은 성적으로 대학에 진학했고, 대학 졸업 전 취업한 회사에서 25년째 일하고 있다. 아내는 자신이 무엇을 좋아하고 싫어하는지, 무엇을 할 것이고 하지 않을지가 확실하다. 일을 할 때에도 자기 과제에 집중하는 편이며, 다른 사람들이 어떻게 생각하는지에 크게 신경 쓰지 않는 사람이다. 남에게 잘 보이려고 지나치게 신경 쓰지 않고, 자신의 페이스를 잘 지키는 편이다.

잠시 팔불출을 연출했지만, 아들러의 심리학을 설명하면서 기시미 이치로는 다른 사람의 과제에 개입해서는 안 되며, 이를 엄격히 분리해야 한다고 말한다. 그리고 이는 상사와 부하, 친구와 형제 사이는 물론 부모와 자녀 사이에도 적용된다. 심각한 문제는 우리나라의 부모들은 자녀의 과제를 모두 자신의 것으로 받아들이고, 자녀의 과제에 개입하는 것이 자녀를 위한 것이라고 생각한다. 그리고 그러한 과제의 개입으로 인해 끊임없이 자녀를 의존적으로 만들고, 주체적 삶을 살 수 없도록 어린 시절부터 흔들어댄다.

자신의 과제가 어디까지인지가 명확하지 않고, 끊임없이 '윗사람'이 '아랫사람'의 과제에 개입하는 환경에서 살다 보면 우리는 내가 원하는 삶이란 무엇일까에 대해 생각하고 이를 추구하기보다는 권위에 순응하면서 사는 것이 편하다고 생각하게 된다. 과연 그럴까? 권위에 대한 복종이 어떤 결과를 초래하는지, 매우 중요한 연구를 살펴볼 차례이다.

# 부모의 거짓말

"다 너를 위해서야!" "내가 설마 너에게 해가 되는 일을 권하겠니?" 부모들이 하는 흔한 거짓말 중의 하나가 바로 이런 것들이다. 자신의 의도가 좋으면 상대(자녀)에게도 좋을 것이라 생각한다. 거짓말보다 자기기만이 더 무섭다는 이야기가 있다. 거짓말은 자신이 거짓을 말하고 있다는 것을 알고 하지만, 자기기만은 거짓말을 하면서도 그것을 스스로 거짓이라고 생각하지 않는다. 마찬가지로 부모들이 자녀의 과제에 끊임없이 개입하면서 자신은 부모이기 때문에 자녀에 대해 항상 좋은 의도를 갖고 있다고 과제 개입 행동을 끊임없이 정당화하는 것이 더 큰 문제이다.

# 권위에 대한 복종

## 대리자적 상태로 살아온 사람의 모습

2004년 4월 9일. 주말을 앞두고 바쁜 금요일 저녁. 미국 켄터키 주에 위치한 맥도널드 매장에서 매니저로 일하는 여성 도나 서머스는 자신을 스콧 경찰관이라고 소개하는 남자의 전화를 받게 된다. 전화 속의 경찰관은 매장 내 한 여직원이 손님의 돈을 훔쳤으며, 그녀가 매우 심각한 사건에 연루되어 있고, 이미 서머스의 상사와 이야기를 마쳤다고 말한다. 서머스는 경찰이 전화로 묘사한 여성의 인상착의를 바탕으로 계산대 일을 보고 있던 18세의 소녀 루이스 오그본을 의심한다. 오그본은 어머니가 건강상의 문제로 직장을 잃자, 어떻게든 돈을 벌기 위해 초과 근무도 마다하지 않으며 열심히 일하던 소녀

였다. 전화 속의 경찰은 도나에게 오그본을 사무실로 데려가라고 한다. 아무런 영문도 모르고 사무실로 간 오그본은 돈을 훔쳤느냐는 도나의 질문에 절대 그런 적이 없다고 말한다. 이때부터 서머스는 전화 속의 경찰관의 명령에 따라 믿지 못할 일을 오그본에게 하게 된다.

전화 속의 경찰관은 경찰이 현장에 도착할 때까지 오그본을 수색하는 일을 서머스가 도와줘야 한다고 말했다. 서머스는 오그본에게 주머니에 있는 것을 모두 꺼내놓게 한 뒤, 경찰관의 명령에 따라, 오그본에게 속옷까지 모두 탈의하라고 한다. 처음에 저항하던 오그본은 전화 속 경찰관의 협박에 매니저가 시키는 대로 옷을 벗은 뒤, 지저분한 앞치마로 주요 부위만 가리게 된다. 매장 일을 봐야 하는 서머스는 자신을 대신하여 경찰의 명령에 따라 오그본을 수색할 사람을 찾게 된다. 처음 27세의 남자 직원을 들여보냈지만, 그가 거부하자, 자신의 약혼자인 월터 닉스를 매장으로 불렀다.

43세인 닉스는 이때부터 서머스를 대신하여 전화 속 가짜 경찰관의 지시에 따라 18세 소녀에게 나체로 체조를 시키고, 엉덩이를 때리거나 유사 성행위까지 시키게 된다. 서머스가 방으로 들어올 때마다 닉스는 앞치마로 오그본의 알몸을 가리게 했다. 닉스는 레스토랑을 나와서 친구에게 전화를 건 후 "내가 정말 나쁜 짓을 한 것 같아"라고 고백한 것으로 알려졌다.

닉스 이후에 서머스의 부탁으로 온 사람은 58세의 관리인인 토마스 심스였다. 하지만 심스는 전화 속 경찰관에 대해 의심을 품게 되었고, 이를 서머스에게 말한다. 그제서야 서머스는 경찰이 이야기를 나누었다는 자신의 상사에게 확인 전화를 하게 되고 경찰이 가짜라는 것을 알게 된다. 하지만 이때는 이미 세 시간 반 동안 오그본이 온갖 수치스러움을 감당한 뒤였다.[16]

이 뉴스에 많은 미국인들이 충격을 받았음은 물론이다. 이 이야기는 2013년 크레이그 조벨 감독이 〈컴플라이언스〉라는 영화로 그려냈고 국내에도 개봉된 바 있다. 이 사건의 범인은 당시 38세의 남자 데이비드 스튜어트로 밝혀졌다. 수사하는 과정에서 10년 동안 미국 전국에서 70개의 유사 사례가 있었음이 밝혀져 더 큰 충격을 주었다. 이 사건으로 해고당한 매니저 서머스는 자신의 약혼자 닉스가 오그본에게 어떤 짓을 했는지 알고 그와 파혼했고, 닉스는 법원으로부터 5년형을 선고 받았다.

이 일로 인해 맥도날드는 매장 매니저 트레이닝 프로그램을 개선하고 가짜 전화에 의한 피해와 직원들의 권리 보호를 강화하게 되었다. 이 사건의 최대 피해자인 오그본은 맥도날드를 상대로 소송을 제기했고, 3년 후 법원의 결정에 따라 610만 불, 한화 60억 원이 넘는 돈을 받게 된다.[17]

이 사건을 접하고 나면 많은 사람들이 매니저였던 서머스에 대해 바보 같다는 생각을 하게 된다. 어떻게 경찰이라는 말에 속아서 세 시간이 넘도록 이런 상황을 만들었는지 말이다. 과연 나라면 어떻게 행동했을까? 그 판단은 나머지 이야기를 모두 읽을 때까지 잠시 미루기로 하자.

이번엔 한국에서 벌어진 사건이다. 2015년 11월 법원은 이른바 '인분 교수'로 알려진 경기 지역의 한 대학 디자인 계열 전직 교수 장 모 씨에게 징역 12년을 선고했다. 이는 대법원이 정한 동일범죄 법정 최고형인 10년 4개월을 넘어선 중형이었다. 그만큼 엽기적인 이 사건이 우리 사회에 준 충격은 컸다. 피해자 강 모 씨는 서른 살의 청년으로 무려 3년 동안 온갖 구타와 엽기적인 고문을 당했다. 그는 동료 직원의 소변을 30여 차례, 대변을 섞은 '특별컵'을 10여 차례 먹어야 했고, 심지어 손발이 묶이고 얼굴에 비닐봉지를 씌인 채로 호신용 가스를 맡기도 했다.[18]

이 사건에서 내가 특별히 관심을 갖게 된 것은 문제를 주도한 교수가 아닌 나머지 사람들이었다. 첫 번째, 수년 동안 폭력에 가담해온 사무실 동료들. 이들은 장 교수의 제자이기도 했는데, 모두 20대인 세 사람 중 두 사람은 징역 6년, 한 사람은 3년을 언도 받고 법정에서 구속되었다. 이들은 어떻게 이렇게 끔찍한 폭행에 가담하게 되었을까? 이들 가해자 가족들은 언론과의 인터뷰에서 "자기도 생각해보면 제정신이 아니었다고 하더라. 어떻게 지냈길래 시키는 대로 했는지 모르겠다"고 말했다.[19]

두 번째, 피해자는 마음만 먹으면 얼마든지 신고할 수 있는 상황에서 왜 3년 동안이나 신고하지 않고 견뎠을까? 그가 지옥 같은 사무실을 피해서 경찰에 신고하게 된 것은 다른 사람의 설득 때문이었다. 피해자는 사무실에서 근무하는 것 외에 교수에게 음식점 아르바이트까지 강요받았다. 일과 시간에는 식당에서 일하고 퇴근해서 새벽까지 교수의 과제를 하는 생활을 반년 가까이 했다고 한다. 식당에서 아르바이트를 같이 하던 사람이 피해자에게 반드시 이 사건을 세상에 알려야 하고, 증거를 모아야 한다고 했고, 또한 피해자의 친구도 신고하도록 충고한 덕에 사건이 밝혀지게 된 것이다.

한국의 대학과 미국의 패스트푸드점에서 벌어진 두 엽기 사건들을 읽으며 독자 여러분은 어떤 생각을 했는가? 가해자들을 비난함과 동시에 혹시 3시간 넘게 여러 사람의 비정상적인 명령에 순응한 18세 소녀 오그본과 3년 넘게 교수와 동료의 엽기적인 구타를 받으면서도 탈출하거나 신고를 하지 않은 청년을 답답하게 생각하지는 않았는가?

한 가지 빼먹은 것이 있다. 오그본은 사건 이후 한 언론과의 인터뷰에서 자신이 어릴 때부터 부모님께 "어른의 말을 잘 들어라. 어른이 시키면 그대로 해야 한다"라는 교육을 받았고, 그런 교육이 그 상황에서 적극적으로 저항하지 못한 이유 중 하나라고 털어 놓았다.[20] 이 글을 쓰고 있는 나 혹은 읽고 있는 여러분이 이들 피해자의 입장이었다면 신고를 했을 거라고 확신할 수 있을까? 정도의 차이는 있지만 우리 역시 이런 피해자가 될 수도 있지 않을까?

앞서 인터뷰했던 30대 직장인의 이야기들을 떠올려보자. 상사의 지시에 한동안 거절을 하지 못하고 아침부터 저녁까지 상사와 밥을 먹어야 했던 직장인. 토요일 근무를 혼자서 다 감당하면서도 차마 쉬고 싶다는 이야기를 하지 못했던 직장인. 정도의 차이는 있지만 무엇인가 겹쳐지는 장면들이 있지는 않은가? 사실 인간의 행동에는 상황situation이 우리가 생각하는 것보다 훨씬 더 큰 영향을 미친다. 뉴스를 통해 보는 사건의 상황에 직접 들어가지 않은 이상, 우리가 그 상황에서 어떻게 행동하고 결정할지 장담하기 힘들다는 말이다.

사회심리학에서 매우 유명한 두 가지 연구를 통해 이에 대해 좀 더 명쾌한 답변을 얻을 수 있다. 하나는《루시퍼 이펙트》의 저자이자 스탠퍼드대학교 심리학과 교수인 필립 짐바르도Philip Zimbardo의 연구이고, 또 하나는《권위에의 복종》으로 유명한 사회심리학자 스탠리 밀그램Stanley Milgram의 연구이다. 이들의 이론이 어떻게 거절에 연결될 수 있는지 알아보자. 이 두 가지 연구는 모두 충격적이며, 지금까지도 많은 논란을 불러일으키고 있다. 2015년에는 두 연구 모두 영화 〈The Stanford Prison Experiment〉(카일 패트릭 알바레즈 감독), 〈Experimenter〉(마이클 알메레이다 감독)로 제작되기도 했다.

짐바르도 교수는 1971년 8월 14일 역사적인 연구를 시작하게 된다. 하루에 15달러씩 받고 총 2주간의 실험에 참여할 대학생을 모집한 결과 총 75명이 지원을 했다. 그중 중산층으로서 신체적으로나 심리적으로 건강한 남자 대학생 24명을 선발한다. 이 중 무작위로 12명은 죄수의 역할을 맡고, 또 다른 12명은 감옥의 간수 역할을 맡게 된다고 설명한다. 현실감을 극대화하기 위해 실험이 시작되던 날 죄수 역할을 맡은 사람들을 기숙사에서 기다리도록 한 뒤, 실제 경찰의 협조를 받아 체포하여 지장을 찍고 얼굴 사진도 찍은 뒤, 스탠퍼드대학교 심리학과가 있는 조던홀Jordan Hall 지하에 실험을 위해 마련한 감옥에 수감시킨다.

주변에서 늘 볼 수 있는 평범한 학생들이 이런 실험 조건에서 어떤 행동을 보였을까? 놀랍게도 이들은 완전히 간수와 죄수 역할에 '빙의'되어 평소라면 절대로 하지 않았을 행동을 하게 된다. 간수들은 굴욕적인 말로 죄수들을 겁주고, 발가벗기며, 심지어 맨손으로 변기를 닦게 한다. 앞서 살펴보았던 인분 교수의 또 다른 제자로서 동료를 폭행하던 세 사람이 떠오르지 않는가? 간수라는, 폭력을 행사할 수 있는 '완장'을 차는 순간 이들은 평상시의 개인으로서는 절대로 하지 않는 행동을 하게 된 것이다.

스탠퍼드 감옥 실험에서 죄수 역할을 한 대다수의 사람은 결국 수동적으로 간수들의 폭력적인 행동을 받아들이게 된다. 결국 이 실험은 죄수 역할을 맡은 학생들이 급격히 심리적으로 불안정한 상태가 되고, 상황이 폭력적으로 변해 6일만인 8월 20일 종료하게 됐다.

짐바르도 교수와 동갑으로 고등학교를 함께 다녔던 스탠리 밀그램은 1961년 예일대학교 재직 당시 신문공고를 통해 시간당 4달러에 주차비를 지급하는 조건으로 기술자 및 단순 노동자 40%, 사무직 40%, 전문직 20%의 비율로 실험 참여자를 모집한다. 피험자들은 실험에서 선생의 역할을 담당하도록 한 뒤, 의자에 앉아 있는 학생에게는 전기 충격을 가할 수 있는 전기 자극을 붙인다. 물론, 학생 역할은 연구자가 미리 섭외해 놓은 사람이 맡고, 전기충격기도 가짜이다. 하지만 영문도 모른 채 외부에서 모집을 통해 참여한 피험자들은 이 상황을 전혀 모른다. 학생 역할을 맡은 사람들은 전기 충격이 올 때마다 배우처럼 고통을 훌륭하게 연기해냈다.

선생 역할을 맡은 피험자는 학생에게 퀴즈를 낸다. 처음에 파란 상자, 좋은 날씨, 야생오리 등 단어의 조합을 이야기한 뒤, 파랑과 짝이 되는 단어가 무엇인지를 보기 중에 고르라고 하는 것이다. 하늘, 잉크, 상자, 램프를 보기로 준 뒤 파랑과 짝이 되는 단어를 맞춰야 하는 것이다. 물론 학생 역할을 맡은 사람은 일부러 틀린다. 이렇게 틀릴 때마다 15볼트의 전기 충격에서 시작해서 15볼트씩 점차 올려간다. 최고는 450볼트로, 스위치는 총 30개가 놓여 있다. 4개의 스위치마다 '약한 충격'에서부터 '강한 충격' '극심한 충격', '심각한 충격'까지 강도가 적혀 있고, 마지막 스위치 두 개에는 'XXX'라고 되어 있다. 누가 봐도 사람 잡을 정도의 전기 충격인 것이다(우리가 보통 쓰는 가정용 전력이 220볼트인 것을 생각해보시길).

밀그램은 정신과 의사, 행동과학부 대학원생과 교수, 대학교 2학년생, 그리고 중산층 성인들을 대상으로 별도의 설문 조사를 했다. 답변자들은 모든 피험자들이 학생에게 전기 충격을 가하지 않고 저항할 것이라고 예측했다. 인간의 심리에 대해 좀 더 잘 알고 있을 정신과 의사들 대부분은 150볼트(10단계)를 넘지 않을 것이며, 피험자 100명 당 1명 정도만이 가장 높은 단계인 450볼트까지 전기를 올릴 것이라고 예측했다. 100명 중 1명은 극단적인 정신 문제를 가질 수 있으니까.

희생자 역할을 하는 학생은 미리 짠 각본에 따라 105볼트까지는 신음소리만 냈고, 120볼트에서는 실험자에게 소리를 지르며 고통을 호소한다. 150볼트부터는 실험실에서 나가게 해달라고 요구를 한다. 180볼트에서는 "더 이상 고통을 참을 수 없어요"라고 소리치고, 270볼트에서는 비명을 지른다. 300볼트에서는 검사에 응하지 않겠다고 필사적으로 반항한다.

물론, 실험 중간에 이런 학생의 절규를 들으며 실험을 계속하지 않겠다는 피험자들이 나온다. 이때 연구자는 실험을 계속해야만 하며, 고통스러울 수는 있지만 전기 충격으로 인해 영구적인 손상이 가지는 않는다고 말한다. 과연 피험자 중 얼마나 450볼트까지 전압을 올렸을까? 정신과 의사들의 예상처럼 1% 정도였을까? 놀랍게도 3분의 2에 해당하는 65%의 피험자들이 가장 높은 단계인 450볼트까지 연구자의 명령에 복종하였다.[21]

밀그램의 연구에서 설문을 통해 상식적인 사람들이라면 절대 그렇게 행동하지 않을 거라 생각했던 정신과 의사들을 비롯한 응답자들을 떠올려보자. 패스트푸드 레스토랑에서 가짜 경찰관의 권위에 속거나, 인분교수의 권위에 눌려 나쁜 짓을 하는 동료들을 보면서 '정상적인 사람이라면 저렇게 하지 않을 거야'라고 생각하는 우리의 시각 사이에 겹쳐지는 것은 없을까?

이제 왜 이렇게 길게 영화 〈컴플라이언스〉의 실화에서부터 인분교수 사례, 짐바르도의 감옥 연구와 밀그램의 권위에의 복종 실험에 이르기까지 살펴보았는지 이야기해보자. 거절의 저 너머에는 복종이 자리 잡고 있다. 좀 더 거절을 잘 하기 위해서는 복종이라는 렌즈를 통해 나 자신을 한번 새롭게 돌아보는 것이 큰 도움이 된다. 인간의 복종심리를 살펴보는 것은 거절을 잘 못하는 나 자신을 돌아보는 데에도 도움이 된다.

짐바르도와 밀그램의 연구 결과를 읽으면서 이 두 연구자가 내게 "깨어 있으라!"라고 말하는 것 같았다. 내 손으로 내 뺨을 치면서 정신을 차리라고 하는 장면을 연상했다. 수직사회인 한국사회에서 집에서는 부모님 말씀 잘 듣고 학교에서 선생님 말씀 잘 들으며 자라온 사람이라면, 직장생활을 하면서 무의식 중에 공정하지 않은 명령이나 권위에도 길들여져 마음속의 생각이나 의사를 표현 못하고 살 가능성이 많다는 말이다. 내 마음속의 의사는 별로 중요하게 여기지 않고 살아와서 이제는 더 이상 내 뜻이 무엇인지, 내가 무엇을 선호하는지 알아차리지 못할 위험이 있는 것이다.

밀그램의 연구에서 중요한 개념 중 하나가 '대리자적 상태agent status'이다. 쉽게 풀어보면 이렇다. 3년 전 국내 대기업에 취업한 김 대리는 학교 동창이나 친척, 혹은 모임에서 처음 만난 사람들에게 명함을 줄 때마다 뿌듯한 기분이 든다. 명함에 박힌 대기업 이름과 로고를 보는 순간 자신이 얼마나 훌륭한 사람인지 상대가 알아보는 것 같아서이다. 김 대리는 지금의 상태에 매우 만족한다. 물론 매일같이 야근하고 수시로 주말에도 나와 일하지만, 저녁에도 주말에도 열심히 일하고 있는 모습을 스스로 대견하게 여긴다. 만족스러운 급여에 1년에 한두 번은 해외 출장도 간다. 그는 회사를 떠날 생각이 없다.

이 기업은 김 대리에게 든든한 버팀목이 되어 주고 있다. 회사에서 김 대리 위에 과장, 차장, 부장, 그 위로 자주 볼 수는 없지만 고위 임원들까지 층층시하다. 김 대리는 스스로를 이 회사, 특히 자신이 일하는 부서 상사들의 명령을 착실히 실행하는 사람이라고 생각한다. 그래서 조금이라도 부서의 실적이 높아지는 데 기여하여 윗사람에게 인정받고, 앞으로 이 조직에서 승승장구하겠다는 꿈도 꾼다. 회의에서 상사가 "이 일은 김 대리가 할 수 있겠지?"라고 말하는 순간, 김 대리는 바로 "네! 그럼요. 제가 할 수 있습니다"라고 말한다. 이렇게 긍정적인 모습을 보이는 것이 회사에서 생존하는 데 중요하다고 생각하기 때문이다.

밀그램은 이처럼 위계 구조 안에서 조직의 보호를 받으면서 자신보다 직책이 높은 사람의 통제를 받으며, 상사의 바람을 실행하는 사람으로 스스로를 보는 상태를 '대리자적 상태'라고 정의했다. 김 대리처럼 대리자적 상태에 있는 사람은 명령을 받아 타인의 바람을 실현하는 존재로 스스로를 바라보기 때문에 자신이 '명령을 받아' 하는 일의 책임은 당연히 윗사람에게 있다고 보며, 자신은 상사의 소망을 달성시키는 데 최대한 도움이 되어야 한다고 본다. 즉, 대리자적 상태에 있는 사람은 자신의 행동에 대해 책임감을 갖지 않는다. 일이 잘못되면 "저는 상사가 시킨 것을 했을 뿐인데요…"라고 생각하거나 말하는 것이다. 승진하기 위해서는 끊임없이 상사에게 충성심을 보이고 복종하는 태도로 살아가는 것이 좋다고 생각한다.

대리자적 상태는 거절에 있어 매우 중요한 개념이다. 거절은 자기 자신을 좀 더 독립적으로 판단하고, 표현하는 주체로 인식할 때 가능하기 때문이다. 자기 자신을 높은 분의 통제를 받아 사는 사람, 즉 대리자적 상태로 인식하고 있다면 상대방의 요청에, 특히 상사의 요청에 거절의 뜻을 밝히기 힘들다. 밀그램의 대리자적 상태라는 이론적 개념을 이해하는 것이 중요한 깃이 아니라, '대리자적 상태'라는 창문을 통해 나 자신을 바라보는 것이 진짜 중요하다. 그동안 대리자적 상태로 있었던 자신의 모습을 직면하고 인정해야 대리자적 상태로부터 빠져나오는 것이 가능하기 때문이다. 자신이 대리자적 상태에 놓여 있는데도 이를 인정하지 않는다면 그 상태를 벗어나는 것은 불가능하다. 많은 경우 이런 자신의 모습을 바라보는 것이 불편하고 때론 고통스럽기 때문에, 자기 정당화의 길로 빠지게 된다. 그것이 당장 마음이 편하기 때문이다.

밀그램의 연구 결과를 읽다 보면 1960년대에 진행된 내용이기에 2000년대를 살아가는 일반인들도 과연 그렇게 복종할지 궁금해질 때가 있다. 인정하고 싶지는 않지만 밀그램 연구는 인간의 변하지 않는 심리적 속성을 보여주고 있다. 실제 2009년 미국 산타바바라대학교의 제리 버거Jerry Burger라는 교수는 〈밀그램 재현하기: 오늘날의 사람들도 여전히 복종할까?〉라는 흥미로운 제목의 논문을 발표했다.[22] 버거 교수가 밀그램의 연구에서 주목한 부분은 150볼트라는 지점이었다. 150볼트에서 학생 역할을 맡은 사람은 실험실에서 나가게 해달라고 저항을 하게 된다. 이때, 학생의 요청에도 불구하고 다음 단계인 165볼트로 계속 진행한 피험자 5명 중 4명은 그 이후로도 지속하는 것을 관찰했다. 따라서 버거 교수는 150볼트까지 실험을 진행한 뒤, 피험자가 165볼트까지 올리는지만 확인하면 밀그램 연구의 중요한 부분을 다시 재현할 수 있으며, 현재의 사람들도 유사한 반응을 보일지를 확인할 수 있다고 판단했다.

요즘은 이러한 심리학 실험을 진행하기 위해서는 대학이나 병원에 설치된 임상시험심사위원회의 엄격한 사전 심사를 받아야 한다. 버거 교수는 150볼트까지 실험을 진행하는 방식으로(물론 밀그램의 실험과 마찬가지로 실제로 전압을 가하는 것은 아니지만, 피험자들이 실험에 참여함으로써 자기 자신이 남에게 그 정도의 전압을 가할 수 있는 인간으로 생각하게 되는 점도 심사에 중요한 사안이다) 심사 통과를 받아 실험을 진행했고, 버거의 연구에서 70퍼센트의 피험자들은 105볼트에서 그 다음 단계인 165볼트로 진행하려고 하는 것을 발견했다. 밀그램의 실험에서는 82퍼센트였는데, 이는 통계적으로 유의미한 차이가 아니었고, 따라서 2009년에도 1961년과 같은 방식으로 사람들이 권위에 대해 복종하는 것을 밝혀낼 수 있었다.[23]

밀그램의 연구에서 주목해야 할 점이 또 있다. 150볼트 지점에서 학생 역할을 맡은 사람이 아프다고 실험을 중지하라고 저항하는데도 연구자의 권위에 복종하여 165볼트로 올린 사람의 대부분은 그 이후 계속 복종한다는 사실이다. 이 점이 거절에 대해 고민하는 우리에게 시사하는 바는 무엇일까? 윗사람과 함께 있을 때 작은 사안에서도 자신의 의견을 이야기하지 못한다면, 큰 사안에서는 당연히 대리자적 상태로 거절하지 못하고 복종하게 된다는 점이다.

만약 우리가 거절 혹은 부탁을 좀 더 제대로 하고 싶다면, 먼저 작은 사안에서 자신의 의견을 밝히는 연습을 해야 한다. 상사와 식당에 갔을 때, 상사가 짜장면을 시킨다고 해서 무조건 "저도 같은 걸로 하겠습니다"라고 하지 말고, 정말 자신이 원하는 메뉴가 무엇인지 생각해보고 원하는 것을 시키라는 말이다. 사소하게 보이는 것에서부터 자신의 의견을 밝히는 연습을 해 나갈 때 거절과 부탁의 근육, 자신의 의견을 말하는 근육을 조금씩 더 발전시킬 수 있게 된다.

# 학습된 무력감

### '내가 거절해 봐야…'

　　2015년 크리스마스 이브. 중견 기업에 근무하는 김 모 차장은 오
전 7시 30분에 집을 나서 근무를 한 뒤, 저녁 7시 내키지 않는 버스
에 올라야 했다. 회장님이 "악바리 정신을 기르기 위해" 주도하는 지
리산 등반에 참여해야 했기 때문이다. 그의 아내는 "크리스마스인데
미쳤어? 안 가도 괜찮아. 뭐라고 안 해"라고 하며 말렸다. 하지만 그
는 먹고살기 위해 어쩔 수 없다면서 집을 나섰다. 가족과 선물을 주
고받고 저녁을 함께해야 할 크리스마스에 말이다. 버스를 타고 새벽
에 지리산에 도착하여 버스 안에서 잠시 대기하다가 새벽 4시부터
등반을 시작했다. 결국 김 차장은 오전 8시 15분 법계사와 천왕봉 사

이에서 쓰러져 사망했다.[24] 성탄절에 사망한 남편과 아버지를 생각하며 가족들은 평생 얼마나 가슴 아파할까….

지인의 상사는 저녁은 물론이고, 새벽에도 카톡으로 업무 지시를 내린다. 대기업에 근무하는 후배는 상사의 전화를 못 받으면 혼나기 때문에 샤워를 할 때도 전화기를 비닐봉지에 싸서 옆에 두어야 한다.

직장인들의 상당수는 근로자의 정당한 권리인 휴가를 쓸 때 상사의 눈치를 봐야 한다. 휴가 요청에 상사는 턱을 들며 "어디 갈려고?"라고 물으며 제동을 건다. 출산 휴가를 제대로 쓰지 못하는 사례도 빈번하다.

주먹만 폭력의 도구가 아니다. 위의 사례처럼 개인의 삶을 짓밟는 것도 폭력의 한 모습이다. 더 심각한 문제가 있다. 어느새 우리가 이런 폭력들을 '당연한 것'으로 받아들이고 살아간다는 점이다. 회장님의 취미가 직원들의 주말 워크샵으로 변하고, 저녁과 주말에 고객이나 상사가 상시로 업무 요청과 지시를 하고 휴가를 못 쓰게 해도 우리는 큰 문제라고 생각하지 않는다. 가족들과 미리 한 약속이 상사의 갑작스러운 회식과 겹치면 가족들이 이해해야 한다고 믿는다. 유럽처럼 한 달은 아니어도 길게 휴가를 붙여 쓰거나 정시에 퇴근하는 것은 현실을 모르는 '또라이짓'이라고 스스로 여긴다.

심리학자 마틴 셀리그먼Martin Seligman은 실험을 통해 어떻게 무력감이 학습되는지 연구했다. 두 마리의 개 A와 B를 놓고, 전기 충격을 동시에 준다. A가 가까이에 있는 레버를 누르면 전기 충격이 꺼지게 했다. 하지만 B는 레버를 눌러도 소용이 없었다. 하지만 A가 레버를 눌러 전기 충격이 꺼지면 B에게 가하는 전기 충격도 꺼지도록 했다. 즉, 전기 충격이 실제로 가해진 양은 A나 B 모두 동일했지만, A는 전기 충격을 자신의 힘으로 조절할 수 있다는 경험을 한 반면, B는 전기 충격에 대해 조절할 수 있는 것이 없었다.

동일한 양의 전기 충격에 대해 서로 다른 경험을 한 개에게 어떤 변화가 있는지를 보기 위해 두 번째 단계 실험을 했다. A와 B를 각각 가운데 장애물이 있는 박스에 넣은 상태에서 전기 충격을 준 뒤, 장애물을 넘어서면 전기 충격을 피할 수 있도록 한 것이다. 이번에는 A와 B가 동일한 조건이었다. 이전에 전기 충격을 자신의 힘으로 조절할 수 있는 경험을 했던 A는 장애물을 넘어서 전기 충격을 피했다. 하지만 B는 이전에 자신이 어떻게 해도 전기 충격을 조절할 수 없다는 무력감을 학습한 뒤라, 이번에는 아예 장애물을 넘어설 생각을 하지 않고 수동적으로 전기 충격의 고통을 받아들였다. 더 이상 시도 자체를 하지 않은 것이다. 이를 '학습된 무력감learned helplessness'이라고 불렀다.

이 연구는 그 뒤에 고양이, 물고기, 쥐 등 다양한 동물을 상대로 한 실험은 물론 인간을 상대로 한 연구에서도 놀랍게도 유사한 결과를 얻었다. 연구자인 히로토는 대학생들을 상대로 한 연구에서 소음을 들려주면서 첫 번째 그룹에는 버튼을 네 번 누르면 소음을 끌 수 있도록 한 반면, 또 다른 그룹에는 실험 참여자의 의지로는 끌 수 없게 했다. 세 번째 그룹은 아무런 소음도 들려주지 않았다. 다음 단계의 실험에서는 레버를 움직이는 것으로 소음을 끌 수 있는 동일한 조건에서 소음을 들려주었을 때, 앞서 소음을 스스로 조정할 수 있었던 그룹과 소음을 듣지 않았던 그룹은 레버를 움직여서 소음을 끈 반면, 이전에 소음을 스스로 조정할 수 없어 무력감을 학습했던 그룹은 수동적으로 소음을 받아들인 것이다.[25]

우리는 어느새 '내가 의견을 말한다고 해도 받아들여지지 않아…' '상사가 저렇게 말도 안 되는 요청을 해도 우리나라에서는 어쩔 수 없어…' '지금까지 이렇게 살아왔는데…'라고 합리화하며 학습된 무력감을 안고 살아간다.

학습된 무력감 이론을 통해 우리는 무력감을 학습하여 변화가 가능한데도 수동적으로 상황을 받아들이는 우리의 모습을 돌아보아야 할 것이다. 속앓이만 하면서 거절을 하지 않고 살던 사람이 자신의 마음속에 있는 진실을 남들에게 전달하려고 변화를 시도할 때 극복해야 할 것이 바로 학습된 무력감이다. 몇 번 시도하다가 당장 결과가 보이지 않으면, 역시 시도해봐야 소용이 없다고 생각하고 변화를 중지하는 것이다. (시)부모나 상사, 선배에게 자신의 의견을 이야기했다가 받아들여지지 않으면 곧 변화의지를 접는 것이 바로 무력감을 학습해 가는 것이다.

이러한 무력감에서 벗어나기 위해서는 어떻게 해야 할까? 무조건 순응하는 효도 콤플렉스에서 벗어나 자신의 삶을 건강하게 사는 것이 더 중요하다는 사실을 부모에게 잘 말씀드리자. 밤낮, 휴일 가리지 않고 지시하는 상사라면 힘들다고 이야기하고, 그것이 어렵다면 동료들과 함께 모여 이 문제를 해결할 방법을 상의하자. 선배의 불편한 요청에 대해 "마음이 불편하다"고 이야기하자. 권위에 무조건 복종하는 것이 예절이라는 생각에서 벗어나자. 딸과 아들, 후배, 제자, 직원이기 이전에 나부터 나를 한 사람의 개인으로 인식하고, 나의 존재감을, 내 마음속의 진실을 전달함으로써 상대방에게도 인식을 시키자. 그러지 않으면, 그들은 우리를 개인이 아닌 말 잘 듣는 '아랫사람'으로 대하게 될 것이다. 우리는 좀 더 '건방져'질 필요가 있다.[26]

## 4부

좀 더 현명하게
자신의 목소리를
내는 법

"거절이란 성공으로 나아가는 데 있어 반드시 필요한 단계일 뿐이다."

보 베넷, 사업가


"우리는 어릴 적부터 솔직한 감정을 표현하는 마음의 문을 쉽게 닫아버렸다.
이렇게 타인이 불편함을 느끼지 않는 법과 그들의 반응에서
자신을 보호하는 법을 익혀왔다. 우리는 성인이 되어서도
자신과 타인을 보호하고 방어한다.
남들을 불편하게 만들 만한 것들을 피해 그들을 보호할 수 있다고 믿는다.
결국 자신의 안녕을 담보로 타인을 보호하려고 애쓴다."

수잔 캠벨, 《솔직함의 심리버튼》


"삶에서 겪는 문제의 절반은 '예'라고 너무 빨리 이야기하고,
'아니오'라고 충분히 빠르게 이야기하지 않는 것에서 생긴다."

조시 빌링스, 19세기 마크 트웨인을 잇는 작가

다른 사람이 나를 대하는 방식이 변하기를 기대하는가? 먼저 이에 대해 배드 뉴스bad news 한 가지를 전한다. 다른 사람은 절대 변하지 않는다. 더군다나 오랫동안 당신을 대하는 방식이 마음에 들지 않는 사람이 있다면 그는 지금까지 해오던 대로 당신을 대할 것이다. 굿 뉴스가 하나 있기는 하다. 다른 사람이 나를 대하는 방식을 변화시킬 수 있는 가장 좋은 방법은 그들이 변하기를 기대하고 기다리는 것이 아니라 내가 그들을 대하는 방식을 바꾸기 시작하는 것이다. 내가 그들을 대하는 방식이 지금까지와 똑같다면 그들이 나를 대하는 방식은 절대 변하지 않는다.

이 챕터는 이런 상상을 하면서 썼다. 내가 만약 이 책을 읽는 분과 1대1로 혹은 소그룹으로 워크숍을 진행한다면 어떻게 할까? 우선 워크숍의 이름은 '어서티브니스 워크숍'이라 짓겠다. 어서티브니스가 무슨 뜻인지에 대해서는 앞으로 상세하게 설명하겠다. 그리고 워크숍이니 여러분이 다른 사람을 대하는 방식을 변화시키기 위해 바로 사용할 수 있는 도구, 즉 특정 문장 유형이나 테크닉에 대해서도 알려줄 것이다. 이 워크숍에서는 구체적인 도구를 알려주기 전에 여러분이 마인드 세트를 변화시키기 위해 꼭 알았으면 하는 이야기를 전반부에 먼저 펼쳐 놓는다. 따뜻한 커피나 차 한 잔을 옆에 두고 마시면서 이야기를 시작해보자.

# 나는 문제를 문제로 보고 있는가

## '친절한' 내가 폭력적일 수 있다는 것

문제를 문제로 보지 않으면 문제는 절대로 해결되지 않는다. 말장난처럼 들릴지 모르지만, 20년 가까이 컨설팅과 코칭, 트레이닝과 워크숍 진행 등을 해오면서 깨달은 것이다. "이 세상에서 제일 안 되는 게 사람과 세포 가르치는 일이에요. 사람은 자기가 생각하는 대로 하지, 배운 대로 절대 안 해요." '한국 시험관 아기의 아버지'로 불리는 문신용 전 서울대 산부인과 교수가 한 언론과의 인터뷰에서 말한 내용이다.[27] 이 대목을 읽으면서 교육으로 사람의 행동 변화를 이끌어내는 것이 얼마나 어려운지 떠올렸다.

직업상 기업 임원들의 행동 변화를 위한 코칭은 보통 1년 단위로 진행하는데, 이런 프로젝트를 처음 시작할 때 가장 중요한 결정 요소가 있다. 바로 본인이 변하고 싶은지의 여부다. 본인이 아무런 문제가 없다고 생각하는 사람을 바꾸는 것은 시간 낭비일 가능성이 많다. 이 점은 꼭 코치나 트레이너가 아니어도 알 수 있다. 살아오면서 가족이나 친구, 직장 동료, 선후배 중 본인이 원치 않는데 여러분이 억지로 변화시켜 성공한 사례가 있는가? 혹은 내 자신이 원치 않는데 누군가가 나를 바꾸려 해서 내가 바뀐 경우가 있는가? 때론 부모나 상사의 권위 때문에 잠시 바뀐 척을 할 수 있을지는 몰라도 나이 스물이 넘은 사람을 억지로 변화시킨다는 것은 불가능하다. 내가 코칭이나 트레이닝을 하면서 변화를 진정으로 원하는 사람들과 작업하는 이유이기도 하다. 그런 사람들과 작업을 하기에도 시간은 모자라다.

나 역시 오랫동안 거절에 대해 문제를 못 느끼고 살았다. 정확히 이야기하면 거절을 못해 혼자서 속앓이하는 경험을 반복하면서도 내 자신이 상대방을 대하는 방식에 문제가 있다는 생각을 하지는 못했다. 나는 두 종류의 거짓을 하면서 살아왔다고 볼 수 있다. 첫째, 마음속에는 불편한 것이 있으면서도 다른 사람이 내게 요청을 할 때 "저는 괜찮아요"라고 하는 것. 두 번째는 앞의 것과 '패키지'로 붙어 다니는 것인데 '나는 친절한 사람이다'라고 나 자신에게 하는 거짓말이다. 이 두 거짓말이 패키지인 이유는 '나는 바보같이 속마음을 제대로 이야기하지 못한다'고 생각하게 되면, 마음이 더 불편해지기 때문이다. 이를 사회심리학적 언어로는 인지부조화cognitive dissonance 현상이라고 하는데, 이 불편함을 극복하기 위해 스스로에게 '나는 친절하다'라고 거짓말을 하는 것이다. 마치 담배가 건강에 해로우며 중독성이 있다는 것을 알면서도 끊지 못하는 사람이 "담배는 스트레스 해소에 도움을 준다"라고 스스로에게 거짓말을 하는 것과 똑같은 방식이다.

하지만 나는 친절한 사람이라고 거짓말을 하는 것이 폭력적일 수 있다고 생각하게 된 것은 한참이 지나서였다. 내게 코칭을 해주는 파트리샤 지나오티 박사는 마셜 로젠버그Marshall B. Rosenberg가 쓴《비폭력 대화》라는 책을 읽어보라고 추천해주었다. 그 책을 읽고, 유투브에 올라와 있는 로젠버그의 워크숍 동영상을 몇 시간에 걸쳐 반복해서 보았다. 또한 비폭력 대화 전문 트레이너인 로레인 아길라Lorraine Aguila의 워크숍에 참여해보기도 했다. 책과 워크숍을 통해 가장 또렷하게 다가왔던 것은 구체적인 방법론이 아니라 나 자신을 다시 바라보게 된 점이었다.

예를 들어, 나처럼 다른 사람에게 "저는 싫습니다" 혹은 "저는 할 수 없습니다"라고 거절의 뜻을 밝히거나 "이것 좀 도와주시겠어요?"라고 부탁을 하지 못하는 '친절한' 부류의 사람들은 타인도 나와 똑같이 행동해주기를 기대한다. 상대방에게 명확하게 부탁하지 않아놓고서 그 사람이 자신을 도와주지 않을 경우 섭섭해하거나 미움의 감정을 갖는 것이다. 속으로 나라면 알아서 얼른 도와줄 텐데, 라고 생각하면서 말이다. 명확하게 도움을 요청하면 상대방이 나를 도와줄 가능성은 훨씬 높다. 그런데 명확한 요청도 하지 못하면서 상대방에게 섭섭한 마음을 갖거나 심지어 뒤에서 비난을 한다면 이것이 폭력적인 행동 아닐까 생각하게 된 것이다. '친절한 사람'이라는 굴곡된 렌즈로 바라보던 내가 사실은 '폭력적인 사람'일 수도 있다는 사실을 깨닫게 되었다. 좀 더 정확하게 이야기하면 '취약성vulnerability'을 인정하는 것이 얼마나 중요한지 다시 생각하게 되었다.

# 취약성과 먼저 마주하자

**취약한 건 나약한 게 아니다**

취약성에 대해 오랫동안 연구해오면서 지난 2010년 '취약성의 힘 The power of vulnerability'이라는 제목의 TED 강연으로 유명해진 미국 휴스턴대학교의 브레네 브라운Brene Brown. 그녀의 강연 동영상은 2016년 5월 현재 무려 2,500만 명이 넘는 사람들이 시청했다. 거절에 대한 책을 준비하기 위해 여러 자료를 살펴보면서 그녀의 강연뿐만 아니라 책도 읽게 되었다. 특히 《나는 왜 내 편이 아닌가 I thought it was just me》는 우리에게 취약성이 왜 힘이 될 수 있는지 알기 쉽게 설명해주는 책이다. 이 책의 핵심 내용을 거절이라는 논의에 적용시켜보자.

사람은 누구나 취약성을 갖고 있다. 그 종류가 다를 뿐이다. 예를 들어 내 고객이나 동료 중에는 자기 주장이 너무 강해서 다른 사람들과 함께 일하는 데 어려움을 겪는 경우가 있는가 하면, 이 글을 쓰는 나처럼 남에게 거절이나 부탁을 제대로 하지 못해 고생하는 경우도 있다. 변화는 테크닉을 알려준다고 이뤄지는 것이 절대로 아니다. 거절을 못하는 사람들이 자신을 '착한 사람' 혹은 '친절한 사람'으로 볼 때 빠질 수 있는 위험한 함정은 자신의 취약점과 대면하지 못하고 다른 사람들을 '배려심이 없는 사람' 혹은 '나쁜 사람'으로 바라보는 것이다. 주변 사람들이 자기처럼 착하지 못해서 자신이 때로 이런 마음고생을 한다고 생각하는 것이다. 한동안 내가 그랬던 것처럼 말이다.

그렇다면 혹시 취약성과 약점의 관계를 알고 있는가? 브라운은 '취약하다'는 게 '나약하다'는 의미가 아닌데도, 많은 사람이 자신의 취약성 인정을 두려워한다고 말한다.[28] 이게 무슨 뜻일까? 자신의 취약성과 대면하지 못하고, 이를 인정하지 않는 태도가 약점이라는 말이다. 취약성을 인정할 수 있는 능력이 강점이다. 오히려 멘탈이 강하고 당당한 사람은 자신의 취약성을 인정하고 출발한다. 취약성을 인정하지 않고 피하는데 어떻게 그것을 극복할 수 있겠는가.

거절이나 부탁을 했다가 상대방으로부터 소외될 수 있다는 막연한 두려움은 삶을 피곤하게 만들 수 있다. 하버드대학교 의과대학 정신과 교수로서 《두려움》이란 책을 쓴 스리니바산 S. 필레이Srinivasan S.

Pillay에 따르면 막연한 두려움이란 마치 저녁에 깜빡 잊고 라이트를 켜놓은 상태로 놔둔 자동차가 방전되는 것처럼 우리 몸의 에너지를 고갈시킨다. 거절에 대한 막연한 두려움을 갖고 있는 모습, 즉 자신의 취약성을 인정하고 대면할 때 이를 극복할 수 있다. 왜 그럴까? 자신의 취약성을 바라볼 때 막연한 두려움의 '경험자'에서 제3자인 '관찰자'로 입장이 바뀌기 때문이다. 심리적인 부담감이나 두려움을 극복하기 위해 경험자에서 관찰자로 자신의 위치를 바꾸는 것은 매우 중요하다. 두려움의 당사자에서 제3자로 위치를 변동하는 것과 같기 때문이다.

앞서 언급한 필레이의 《두려움》에 보면 어두컴컴한 복도에서 밧줄을 뱀으로 착각할 때 우리 뇌가 어떻게 반응하는지에 대한 장면이 나온다. 두려움과 밀접하게 관련된 우리 뇌의 부위는 편도체amygdala인데, 좀 더 정확히 말해 모든 감정을 처리하는 이 부위는 두려움을 다른 감정들보다 우선순위에 놓기 때문에 두려움에 많은 영향을 받게 된다. 어두운 복도에서 말려있는 밧줄을 보는 순간 편도체는 뱀이 아닐까라는 생각에 우리를 두려움에 떨게 만든다. 우리가 두려움으로부터 벗어나는 순간은 편도체보다 정확한 판단을 내리는 피질이라는 부위에서 저 앞에 놓인 것이 뱀이 아니라 밧줄이라는 것을 알아차릴 때이다. 갑자기 막연한 두려움을 느낄 때에는 스스로에게 '또 내 편도체가 난리났군' 하고 생각하게 되면, 두려움에 대한 경험자에서 관찰자로 위치를 변경하는 데 도움이 되고, 따라서 두려움을 이겨내는 데 도움이 된다고 필레이 교수는 말한다.

인간의 뇌는 우리 자신을 속인다는 말이 있다. 즉, 뇌를 통해서 느끼는 두려움은 실제 존재하는 위험보다 과장된 것이라는 뜻이다. 거절이나 부탁을 했을 때 올 수 있는 부정적 결과에 대해 느끼는 두려움은 실은 과장된 것이라는 점을 기억하자. 성희롱 피해자에서 변호사로 변신한 이은의 씨의 책《예민해도 괜찮아》의 제목처럼 싫은 것을 싫다고 말해도 괜찮으며, 어려운 일이 있을 때 주변사람들에게 부탁해도 괜찮다.

얼마 전 국내 대기업 한 곳에서 거절에 대한 워크숍을 진행하며 연극배우 두 사람을 특별히 초대했다. 그리고 워크숍이 시작되자마자 연극배우들에게 워크숍 참석자들에게 가서 다양한 부탁을 해달라고 요청했다. 예를 들면, "저 5만 원만 빌려주실 수 있으세요?" "제 어깨 좀 주물러 주시겠어요?" 같은 난데없는 요청을 하게 한 것이다. 동시에 참석자들에게는 무슨 이유든 대면서 거절을 하라고 했다. 이때 중요한 규칙은 부탁을 하는 사람의 눈을 마주보면서 거절을 하는 것이다. "아뇨. 제가 현금이 없어서 빌려드릴 수 없어요" 혹은 "저도 피곤해서 주물러 드릴 수 없어요"와 같이. 이렇게 한 바퀴 돌면서 첫 번째 연습을 한다. 두 번째 연습은 한 가지만 빼고 모두 똑같다. 이번에는 거절을 할 때 이유를 댈 필요가 없다. 그저 눈만 똑바로 쳐다보면서 싫다고 말하면 된다. 많은 경우 누군가에게 거절을 할 때, 이유를 대면서 정당화시킬 필요조차 없다는 것을 알려주기 위함이었다.

싫을 때 그저 싫다라고 이야기하는 것은 문제가 되지 않는다. 이 연습은 나 역시 코칭을 받을 때 배웠던 것인데, 마음이 약해 거절을 못하는 사람들은 남에게 싫다고 말하는 것 자체를 부담스러워하기 때문에 그런 두려움과 마주하도록 시선을 맞추고 거절하는 게 도움이 된다. 나는 이 연습 문제를 '거절의 기초 근육 키우기'라고 부른다. 여러분도 친한 친구와 함께 둘이서 이 게임을 한 번 해보시길. 혹은 일상 속에서 기회가 될 때마다 "괜찮아요" "아무거나 좋아요"라는 말 대신 "저는 싫어요" 혹은 "저는 (커피 대신) 홍차를 주세요"라고 눈을 쳐다보면서 말하는 것이다.

이처럼 거절에 대한 막연한 두려움과 마주하여 내 삶에서 거절이나 부탁을 좀 더 더 잘하게 되었을 때 어떤 혜택이 생길까 생각해보자. 우선 안 하던 거절을 하려고 하는 과정에서 스트레스야 당연히 있겠지만, 얼마 지나지 않아 거절을 좀 더 잘하는 자신의 모습을 보게 될 것이고, 우려했던 것처럼 거절을 했을 때 문제가 별로 없다는 것을 알고 오히려 삶에서의 스트레스가 줄어들게 될 것이다. 그동안 속으로만 앓아왔던 것을 밖으로 표출할 수 있으니 말이다. 이뿐만이 아니다. 사람들과의 관계에서 한 단계 높은 수준의 신뢰감을 얻을 수 있게 된다.

들어주기 힘든 요청을 거절했다는 이유로 당신을 소외시키는 사람이 있다면, 늘 그의 요청을 들어주는 것으로 유지되는 관계라면, 그런 관계는 끝내는 것이 좋다. 건강한 관계의 중요한 척도는 상호적 교환reciprocal exchange이다. 한쪽으로만 치우치는, 즉 한 사람은 'No'라고 이야기할 수 있거나 부탁을 할 수 있는데, 또 다른 사람은 그렇지 못하다면 이 둘 사이에 건강한 관계란 성립되지 않는다. 제대로 된 거절이나 부탁을 하면서도(무엇이 '제대로'된 거절과 부탁인지는 뒤에서 설명하겠다), 잘 유지되는 관계가 건강하고 신뢰할 수 있는 관계이다.

항상 예스라고 말한다는 것은 상당부분 거짓말을 하고 있다는 뜻이다. 어떻게 모든 것에 예스라고 할 수 있을까. 마찬가지로 모든 사람으로부터 칭찬을 받으려고 하는 것도 현실적이지 않은 욕심일 뿐이다. 나를 좋아하지 않거나 싫어하는 사람이 있는 것이 자연스럽고 인간적인 것이다. 일부러 적을 만들 필요는 없지만, 상대방이 적이 될까 무서워 내 마음속에 있는 거절의 뜻을 전하거나 부탁하지 못하는 것은 더더욱 피해야 할 행동이다. 거절과 부탁을 잘하도록 노력하는 과정에서 주변 사람들과 더욱 건강한 관계를 구축하게 될 것이다.

반면, 거절에 대한 부담과 막연한 두려움을 머릿속 어디엔가 두고 거절이나 부탁을 제대로 하지 못하며 살아가면 어떻게 될까? 앞서 살펴보았던 것처럼 이런 삶을 앞으로 5년에서 10년 지속한다면 우리는 호구가 될 것이고, 마음고생은 고생대로 하면서 인정도 받지 못하는 신세가 될 것이다. 이쯤 되면 거절과 마주할 충분한 이유가 되지 않을까? 이제 이 챕터의 제목이기도 한 '어서티브니스'가 무슨 뜻인지 살펴보자.

# 어그레시브가 아니라 어서티브!

## 상대를 공격하지 말고 나를 표현하라

'어서티브 assertive'는 우리에게 익숙한 영어 단어는 아니지만, 심리학과 커뮤니케이션, 리더십 등의 분야에서는 매우 중요한 단어이다. 특정인의 리더십 자질을 평가할 때 어서티브니스는 중요한 척도가 된다. 쉽게 말해서 '싫은 소리를 잘 못한다'는 것은 어서티브니스 척도에서 낮은 평가를 받을 가능성이 높은데, 그렇다고 마냥 싫은 소리를 해대는 사람이 어서티브니스가 높은가 하면 그게 그렇지가 않다. 어서티브와 '어그레시브 aggressive'(공격적인)는 큰 차이가 있다.

결론부터 말하면, 나의 행동이나 태도가 수동적이든 공격적이든 우리가 목표로 삼아야 하는 것은 어서티브하게 행동하고 말하는 것이다. 형용사인 어서티브는 '행동이나 스타일에 있어 자신감이 있는' 혹은 '자신만의 취향을 갖고 있는' 등의 뜻을 갖고 있다. 어서티브 혹은 어서티브니스의 뜻을 좀 더 근원적으로 알아보려면 동사인 '어서트assert'의 뜻을 살펴볼 필요가 있다. 영어 사전[29]에 따르면 어서트는 '존재를 드러내다to demonstrate the existence of'라는 뜻을 갖고 있는데, 심리학이나 리더십에서 어서티브해야 한다라고 이야기할 때, 이는 자기의 솔직한 속마음을 상대방에게 전달함으로 인해 자신의 존재감을 드러내는 것을 뜻한다. 《어서티브니스 워크북The Assertiveness Workbook》[30]의 저자 랜디 패터슨Randy J. Paterson은 어서티브니스를 '거기에 있는 것being there'이라고 정의했는데, 이것 역시 상대방과 상호작용을 할 때, 나의 존재감을 그 자리에서 드러내는 것을 뜻한다. 의학사전[31]은 이보다 더 구체적으로 어서티브니스의 뜻을 정의하고 있는데, 몇 가지 중요한 부분을 풀어서 설명해본다.

먼저 어서티브니스는 '증명이 필요하지 않다without need of proof.' 우리가 자기 마음속의 진실을 전달할 때에는 그것이 왜 그런지를 반드시 설명하지 않아도 괜찮다는 말이다. 쉽게 말해서 싫은 것을 그냥 싫다고 이야기해도 괜찮다는 말이다. 불편하면 그냥 불편하다고 이야기하면 된다. 즉, 어서티브니스는 증명하는 것이 아니라 의견이나 시각에 관련된 것이다. 사람은 누구나 자신의 의견이나 시각이 있으며 이를 표현할 수 있는 권리가 있다.

또 한 가지 중요한 부분이 있는데, 어서티브니스는 자신의 의견이나 시각을 표현함에 있어서 상대방의 의견이나 시각에 대해 공격적으로 위협을 가하는 것도 아니고, 다른 사람의 의견이나 시각만 존중하면서 자신의 의견이나 시각을 굽히거나 포기하는 것도 아니다. 즉 어그레시브는 공격적으로 자신의 의견만 옳다고 주장하는 태도이지만, 어서티브는 상대방의 의견에 귀를 기울이고 존중하는 동시에, 나의 다를 수도 있는 의견을 주장하는 태도이다. 패터슨은 어서티브니스 전략을 '내 삶에 대한 통제력을 유지하면서 남을 통제하려는 시도를 하지 않는 것'이라고 말한다.

또한 어서티브와 '패시브passive'의 차이는 패시브는 상대방의 의견만 존중하는 태도를 보이면서 자신의 태도는 명확하게 드러내지 않거나 상대방이 맞다고 맞장구만 치는 행동이다. 이 차이는 매우 중요한데, 앞서 설명했듯이 '거절을 못 한다'는 두 가지 극단적 유형이 무엇인지를 명확하게 보여준다. 즉, 자기 주장만 중요하게 생각하는 어그레시브와 남의 주장만 중요하게 생각하고 자신의 의견 표명에는 소극적인 패시브 스타일 모두 '거절을 못 하는' 유형이 된다. 혹시 1부에서 소개했던 애덤 그랜트가 떠오르지는 않는가? 그가 연구를 통해 남에게 주기를 좋아하는 성향인 기버giver 유형의 사람들이 회사 내 영업 성적에서 최상위층과 최하위층에 둘 다 있다는 것을 밝혀 낸 뒤, 이 두 가지 기버가 어떻게 다른지를 설명한 부분 말이다. 최하위층의 기버는 남에게 주기만을 좋아하는 패시브 유형이라고 볼 수 있다. 하지만 최상위층의 기버는 남에게 주는 것도 좋아하지만, 자신의 이익을 지키는 것에도 관심이 많으므로 어서티브 스타일과 통하는 측면이 있다.

결국 나와 남의 의견이나 생각을 어떻게 바라보고 행동하는가에 따라 크게 네 가지 스타일이 나올 수 있다. 이를 표로 정리해보자.

| | | 남의 의견이나 시각 | |
| --- | --- | --- | --- |
| | | 귀를 기울이고 듣는다 | 귀를 기울이지 않고 듣지 않는다 |
| 나의 의견이나 시각 | 스스로 귀를 기울이고 남에게 표현함 | C | B |
| | 스스로 귀를 기울이지 않고 남에게 표현하지 않음 | A | D |

■ 나와 남의 의견이나 시각에 대한 존중과 표현 정도에 따른 네 가지 유형. 여기에서 '남'이란 제3자가 아닌 내가 관계를 맺거나 나와 소통을 하고 있는 당사자를 말한다.

A 유형은 자신의 의견이나 시각에 대해서는 크게 개의치 않고, 남의 이야기에만 귀를 기울이고 듣는 스타일이다. 나 역시 이 유형이었고, 여기에서 탈피하기 위해 지난 10여 년간 노력해왔고 지금도 노력

하고 있다. 이 스타일은 '좋습니다'라는 말을 입에 달고 산다. 상대방의 요청이 끝나기도 전에 머리를 위아래로 끄덕이고 있다. 이런 유형을 패터슨은 패시브 스타일이라고 부르며, 케네스 토마스Kenneth W. Thomas와 랄프 킬먼Ralph H. Kilmann은 토마스-킬먼 갈등 유형 도구 Thomas-Kilmann Conflict Mode Instrument를 제시하면서 A와 같은 유형을 남을 위해 자리를 내어주고 수용한다는 뜻의 'Accommodating' 이라고 말했다.《갈등 트레이닝》[32]의 저자 칼 베르켈Karl Berkel은 '희생자'라고 표현하면서 이들은 책임회피적인 성향을 갖고 있다고 말한다. 앞서 살펴보았던 스탠리 밀그램의 '대리자적 상태'에 익숙한 사람들이기도 하다.

B 유형은 자기 의견이나 주장이 강하면서 표현하는 데 스스럼이 없지만, 반면에 남의 의견에는 귀를 기울이지 않는 유형이다. 이런 사람들은 본인이 스스로 카리스마가 있다고 생각하고 거절을 잘한다고 생각하는데, 이들은 정확히 이야기하면 공격적이지만 어서티브하지 않으며, 이 둘을 혼동하고 있는 경우이다. 이 유형을 토마스-킬먼은 경쟁적이라는 뜻의 'Competing'이라고 불렀고, 베르켈은 '우두머리'라고 부르면서 교만하고 건방진 특성을 갖는다고 말했다. 패터슨의 용어를 빌린다면 이들은 어그레시브 스타일이다.

C 유형, 즉 상대방의 의견에 귀를 기울이면서도 나의 의견이 무엇인지를 생각해내고, 이를 남에게 적극적으로 표현하는 스타일이 바

로 패터슨이 이야기하는 어서티브 유형The assertive style이다. 이들은 윈-윈win-win을 지향한다는 점에서 동등성이나 연대를 추구하며 그런 의미에서 베르켈은 '협조' 유형이라고 불렀다. 만약 내가 A 스타일, 즉 수동적이고 수용적인 유형이라면, 앞으로 남과 관계를 맺고 소통하는 데 있어 '여기에서 내 생각은 무엇이지?'라는 것을 스스로에게 묻고, 남에게도 이를 전달하려고 노력해야 한다. 그것이 식당에서 음식을 시키는 상황이든, 회의에서 어떤 안건에 대해 토론을 하는 상황이든 말이다.

반면 B 스타일, 즉 공격적이기만 한 스타일이라면 이제 남이 의견을 이야기할 때 좀 더 그들의 이야기에 귀를 기울이고, 내 의견을 이야기하기 전에 숨을 한 번 크게 들이마시거나, 질문을 통해 상대방에 대한 관심을 보일 필요가 있다.

D 유형은 어떨까? 이들은 '회의적'(베르켈)이며, '회피하는 avoiding'(토마스-킬먼) 성향을 보인다. 남의 이야기에도 귀를 기울이지 않고 자신의 이야기를 표현할 마음도 없는 무기력하고 시니컬한 스타일이다. 이런 유형 중에서 우리가 한번 눈여겨볼 만한 것은 패터슨이 말하는 '패시브-어그레시브 유형The passive-aggressive style'이다. 이런 유형을 설명하기 위해 패터슨이 든 예를 빌려보자. 상사가 이미 내가 할 일들에 파묻혀 고생하는 것을 알면서도 금요일 점심시간까지 보고서를 완료하라고 지시를 한다. 패시브-어그레시브 유형의 사

람들은 이런 상사에게 '공격적으로' 대들면서 소리를 치지도 못하고, 그렇다고 '수동적으로' 일을 받아서 밤 늦게까지라도 처리하는 것도 아니며, '어서티브하게' 일이 많아서 하기 힘들다고 자신의 의견을 말하지도 못한다. 당신은 그냥 상사의 지시를 한 귀로 듣고, 나머지 한 귀로 흘려버린다.[33] 죽도 밥도 아닌 것이다.

위의 표에서 우리는 '나'와 '남'을 두 가지 축으로 놓고 생각을 했는데, 여기에서 '남'이란 나와 관계를 맺고 있거나 커뮤니케이션을 하고 있는 당사자를 말한다. 나의 생각을 당사자가 아닌 제3자에게 가서 불평을 하는 것은 뒷담화를 하는 것일 뿐이라는 말이다. 어서티브해지기 위해서는 나의 생각을 당사자에게 말하는 동시에 상대방 당사자의 의견을 존중하는 것이 필요하다. 나는 어서티브니스에 대해 쓰면서 이를 한국어로 번역하는 것이 좋을지 아닐지를 놓고 고민했다. 어서티브니스는 '확신' '자기주장' '자기표현' 등으로 번역되는데, 자기주장이라는 말은 상대방의 의견에 대한 존중을 포함하고 있지는 않다는 점에서, 그리고 자기 마음의 진실을 전달한다는 점에서 '자기표현'이 좀 더 적절한 번역어라는 생각이 든다. 그럼에도 불구하고 어서티브라는 단어를 그대로 쓴 이유는 앞서 살펴본 것처럼 어서티브라는 단어가 함축하고 있는 중요한 특징들을 잘 보여주기 위해서는 영어 단어를 그대로 사용하는 게 낫다고 판단했기 때문이다.

우리의 스타일이 수동적이든 혹은 공격적이든 간에 나는 우리가 최종적으로 도달해야 하는 지점이 '어서티브니스 스타일'이라고 말했고, 이에 대해 다양한 측면에서 살펴보았다. 그런데 한 가지 발견한 것이 있는가? 우리가 최종적으로 가야 할 지점은 어서티브니스라고 말하면서, 그에 대한 영어사전에서부터 의학사전, 그리고 다양한 연구자들의 정의를 살펴보면서 '거절'이란 단어는 찾아볼 수가 없었다. 그렇다. 우리가 최종적으로 가야 할 지점은 거절을 잘하는 것이 아니다. 어서티브해지는 것이다. 무슨 뜻인지 다음에서 살펴보자.

# 거절하려고 애쓰지 말자?

## 현재와 과정 중심의 커뮤니케이션

책의 후반부에 와서 거절하려고 애쓰지 말자는 말은 왜 하는 걸까? 우선 실용적인 이유가 있다. 마음이 약해 거절을 못하는 사람에게는 '거절하도록 노력하라'는 말 자체가 부담스럽게 느껴지고, 오랜 시간 동안 거절을 못하는 사람으로 스스로를 바라보다 갑자기 거절을 하려고 들면 생각처럼 잘 되지 않기 때문이다. 앞서 나의 코치인 파트리샤가 알려주었던 것과 마찬가지로 거절 못하는 사람들이 마음 편하게 평소 잘 할 수 있는 성향과 연결 지어 변화를 유도하는 것이 훨씬 더 쉽다. 즉, 일반적으로 마음이 약해 상대방에게 싫은 소리를 못하는 사람들은 반대로 남에게 무엇인가를 해주는 것을 마음 편하게 생각한다.

거절 훈련의 핵심은 실상 '주는 것'에 있다. 무엇을 주어야 할까? 내 마음 속의 진실truth, 즉 솔직한 마음이다. 심리학자이면서《솔직함의 심리버튼》의 저자인 수잔 캠벨Susan Campbell은 똑바로 사는 것보다 솔직하게 사는 것이 중요하다고 이야기한다.《비폭력 대화》에서도 로젠버그는 결국 자신의 욕구needs가 무엇인지를 알아차리고 이것을 상대방에게 있는 그대로 전달하는 것의 중요성을 이야기한다. 보통 마음이 약해 거절이나 부탁을 못하는 사람들은 소통을 할 때 결과에 대해 지나치게 염려하는 편이다. 이제부터 내 마음속에 어떤 생각이 드는지 좀 더 집중할 필요가 있다. 상대방에게 내 마음속의 진실을 전하기 위해서는 내 마음속에서 어떤 생각이 드는지, 내가 어떤 감정을 느끼는지 솔직하게 들을 수 있어야 하기 때문이다.

여기에서 소통을 할 때에는 내가 아닌 상대방을 중심에 두고 해야 하는 것 아닌가 의문을 가질 수 있다. 일반적으로 대부분의 커뮤니케이션 강의나 책에서 이른바 청중audience 중심의 소통을 강조하고 있기 때문이다. 나 역시 직업적으로 전략 커뮤니케이션 컨설팅을 해왔기 때문에 청중 중심의 소통이 중요하다고 고객들에게 강조한다. 즉, 상대방의 시각에서 나 혹은 내가 속한 조직을 바라보는 아웃사이드-인outside-in 방식의 사고가 익숙한 편이다. 이러한 소통방식에서는 보통 바라는 결과를 미리 정해놓고, 그러한 미래의 결과를 만들어내기 위해 지금 벌어지는 소통의 메시지를 통제control한다. 이러한 전략 커뮤니케이션은 보통 대중을 상대로 하는 커뮤니케이션, 즉 기업이나 정부가 소비자나 시민을 상대로 하는 커뮤니케이션, 혹은 유명인들이 대중을 상대로 하는 커뮤니케이션에서 주로 사용하게 된다.

하지만 일상생활 속에서의 커뮤니케이션은 다르다. 전략 커뮤니케이션의 방식, 즉 미래에 벌어질 수 있는 특정 결과를 만들어나가기 위해 현재의 커뮤니케이션을 통제하는 방식으로 하게 되면 소통으로부터 오는 피로도가 상승할 뿐 아니라, 현재 내 마음속에 있는 진실이 무엇인지를 신경 쓸 수 없다. 내 마음속의 진실을 상대방에게 제대로 전달하기 위해서는 결과 중심의 전략 커뮤니케이션 모드보다는 '현재와 과정 중심의 커뮤니케이션present and process focused communication' 모드를 취해야 한다.

최근 만난 한 국내 대기업 인사팀장은 신입 직원들 교육 때마다 항상 다음과 같은 말을 한다고 알려주었다. "여러분이 직장에 들어와서 보면 부장급 팀장이나 임원들이 대단하다고 생각하고, 많이 위축되고 조심스러운 부분이 있겠지만, 알고 보면 팀장이나 임원들이 여러분 생각처럼 그렇게 대단한 것은 아니다. 여러분이 웬만큼 큰 실수를 해도 여러분을 해고할 수 있는 권리가 그들에게는 없다는 말이다. 왜 이런 이야기를 하는가 하면, 기업이 새로운 아이디어를 받아들이고, 혁신을 해나가기 위해서는 각자 자신의 마음속에 있는 생각과 의견을 자유롭게 표현할 수 있어야 한다. 내부 회의에 가보면 보통 임원이나 팀장만 이야기하고, 사원들은 받아 적기만 하는데, 그럴 필요가 없다. 모르면 모른다, 생각이 다르면 다르다라고 윗사람한테 이야기해도 여러분이 걱정하는 것처럼 불리한 일은 절대로 발생하지 않을 테니 마음 놓고 자신의 생각을 펼치라"고.

이 인사팀장은 디지털 분야 전문 인력을 채용하는 과정에서 최종 두 사람으로 압축된 후보를 놓고 상사와 의견이 갈렸다고 한다. 이 사안을 놓고 CEO와 임원, 그리고 팀장 셋이서 회의를 하게 되었다. 상무와 자신이 서로 다른 후보를 선호하는 이유를 이야기하던 중 인사팀장은 40대부터 60대까지 세 사람이 모여 디지털 분야 전문가에 대해 이야기하고 있는 상황이 다소 어색하게 느껴졌다고 한다. 자신도 이 분야에 대해 전문가가 아닐 뿐 아니라 함께 이야기하고 있는 자신들의 상사도 그렇지 않다고 느꼈기 때문이다. 그는 CEO와 상무에게 "물론 제 의견은 실장님과 좀 다르지만, 솔직히 디지털 분야가 제게 익숙한 것도 아니고 해서 잘 모르겠습니다"라고 털어놓았다. 인사팀장이 인력을 선발하는 회의에서 자신의 상사와 다른 의견을 주장하는 동시에 모르는 부분에 대해서도 인정한 것이다. 그 순간 CEO는 "맞아, 사실 우리 모두 그렇지"라며 웃음을 터뜨렸고, 결국 세 사람 모두 디지털 분야에 익숙하지 않다는 취약성을 인정한 뒤 좀 더 솔직한 대화와 토론을 통해 방법을 찾아 나갔다고 한다.

마음속의 진실을 상대방에게 전달한다는 것은 소통하고 있는 그 순간, 자신의 마음속에 있는 생각을 알아차리고 이를 있는 그대로 전달하는 것이다. 위에서 인사팀장이 했던 것처럼 말이다. 전략 커뮤니케이션이 아웃사이드-인 방식이라면 현재와 과정 중심의 소통은 인사이드-아웃inside-out 방식이라고 할 수 있다.

전략 커뮤니케이션은 대본과 악보에 따라 하는 소통이다. 연극이나 영화를 찍기 위해서, 혹은 어떤 곡을 연주하기 위해서, 즉 예정되어 있는 결과를 만들기 위해서는 대본과 악보에 있는 그대로 연기하고 연주한다. 거절을 잘 못하는 사람들은 남에게 착한 사람처럼 보여야 한다든지, 내가 거절하면 상대방이 싫어할 것이라는 시나리오를 먼저 써놓고, 그에 따라 "괜찮습니다" "저도 좋은데요"라고 거짓을 전달하게 된다.

내 마음속의 진실을 전달하는 소통은 재즈나 코미디에서 쓰는 즉흥 연주 혹은 즉흥 연기improvisation 방식이라고 할 수 있다. 2010년 즉흥 연기의 하버드라고 불리는 50년 넘는 전통의 코미디 극단 세컨시티The Second City 시카고 본원에서 교육을 받았던 적이 있다. 즉흥 연기의 기초를 배우는 교육에서는 'Here and Now', 즉 무대 위 지금 여기에서 벌어지는 일에 집중하도록 가르친다. 앞서 패터슨이 어서티브니스를 '거기에 있는 것being there'이라고 정의한 것을 기억해 보자. 둘 다 같은 의미이다. 미리 짜여진 대본이 아니라 지금 이 자리에서 벌어지는 현상에 집중하는 것이다.

내 마음속 진실을 상대방에게 전달할 때 한 가지 기억할 것이 있다. 상대방이 어떤 부탁을 하거나 내 의견을 물었을 때, 지금 그 현장에서 내 마음속에 어떤 일이 벌어지는지 집중하라는 것이다. 상대방에게 좋은 사람으로 보여야겠다는 평소의 생각이 아니라 내 마음속에서 벌어지는 생각과 느낌에 집중하여 알아차린 뒤, 그것을 그대로 전달하는 것이 우리가 해야 할 중요한 일이다. 상대방의 행동이나 말이 내게 어떤 감정을 불러일으키는지 집중하고 상대방에게 터놓고 '연주'하는 방식이 바로 과정 중심의 소통, 즉흥 방식의 커뮤니케이션이라 할 수 있다. 마치 재즈밴드의 연주자가 자신이 느끼는 바를 솔직하게 연주하듯이.

솔직하게 자신의 마음속에 있는 생각을 상대방에게 전달하는 것이 때로는 협상과 같은 전략 커뮤니케이션에서도 힘을 발휘할 때가 있다. 2012년 협상 전략 워크숍에 참석하기 위해 미국 필라델피아를 방문한 적이 있었다. 외국은 물론 국내에서도 베스트셀러였던《어떻게 원하는 것을 얻는가》의 저자이자 펜실베이니아대학교 와튼경영대학원 교수인 스튜어트 다이아몬드가 직접 진행하는 워크숍이었다. 워크숍을 마치고 편안한 마음으로 쇼핑을 할 때였다. 옷 가게에 들러 바지 두 벌을 사려고 계산대에 서 있을 때 카운터 직원 뒤에 걸려 있는 점퍼가 눈에 들어왔다. 얼마 안 있으면 아버지 생신이었는데, 아버지가 딱 좋아하는 스타일이었기에 가격만 적당하면 선물로 좋을 것 같아서였다. 점원에게 물었더니 가격이 조금 부담스러웠다. 하지만 아버지에게 좋은 선물이 될 거라는 확신이 있어 다만 10%라도 할인을 받을 수 있다면 사고 싶었다.

일반적으로 이런 경우 '살짝 튕기라'라고 조언들을 한다. 꼭 사고 싶지는 않지만 만약 할인해주면 살 수도 있다는 식으로 튕기면 협상에서 유리하다는 것이다. 하지만 다이아몬드 교수의 조언은 달랐다. 그는 워크숍에서 "예외 조항이 있는지 확인하라Ask for exception!"는 조언을 주었는데, 이를 떠올리면서, 가게에서 느낀 내 마음속 생각을 솔직하게 점원에게 이야기했다. "실은 제 아버지 생일이 다음 주인데, 아버지가 좋아하는 스타일이라 제가 꼭 사고 싶습니다"라고 말한 뒤, "혹시 조금이라도 싸게 구매할 수 있도록 도움을 주실 수 있나요?"라고 예외사항이 있을 수 있는지 요청했다. 여기에서 전략적인 부분이 있었다면 "이 옷 좀 싸게 할인해줄 수 있나요?"라고 묻지 않고 "내가 싸게 구매할 수 있도록 (당신이 제게) 도움을 줄 수 있나요?"라고 물은 것이다. 상대방을 내게 도움을 베풀 수 있는 주체로 상정하여 질문하는 방식인데, 이런 질문 방식을 MIT 경영대학원 교수이면서 조직문화 전문가인 에드가 샤인Edgar Schein은 '겸손한 질문humble inquiry'이라고 불렀다.

여기에서 주목할 것은 가격을 협상해야 할 상대방 점원에게 내 마음 속의 진실, 웬만하면 사고 싶다는 내 마음을 있는 그대로 전달했다는 점이다. 그러자 놀라운 일이 벌어졌다. 점원은 매장 매니저와 잠시 상의를 하더니 내게 돌아와서는 직원에게 특별히 주는 할인권이 있는데, 손님인 내가 그 옷을 꼭 원하는 것 같고, 자신은 이 할인권을 쓸 계획이 없으니 이를 내게 주겠다는 것이었다. 얼마나 할인되는지 묻자 무려 25%란다! 당연히 나는 그 점퍼를 기쁜 마음으로 샀고 점원에게 진심으로 고맙다고 인사를 했다.

솔직하게 자신의 의견을 전달하는 것은 개인 간의 대화뿐 아니라 다양한 협상에서도 그 힘을 발휘할 수 있다. 보통 예외조항이 있는지 묻지 않는 심리에는 내가 물어봐야 별 볼일 없을 것이라고 생각하거나 혹은 물어보았다가 거절당하지나 않을까… 두려워하는 심리가 존재한다. 하지만 간단한 질문 하나로 우리는 삶에서 더 많은 것을 얻을 수 있다는 점을 잊지 말자.

그동안 '착한 사람'으로서 상대방에게 거절을 못해왔지만 이제 거절을 좀 더 잘하고 싶다면, 스스로에게 '거절을 잘하자!'라고 결심하기보다는 '착한 사람'을 '솔직한 사람'으로 바꾸어, 앞으로 '상대방에게 내 마음속에 떠오르는 생각을 솔직하게 전달하자!'로 바꾸자. 자기 자신에게 이야기하는 프레임을 바꾸는 것이다.

그 다음에 어떤 일이 벌어질지는 너무 걱정하지 않아도 된다. 상대방에게 신경 쓴다는 것을 상대방이 싫어할 수도 있는 말을 하지 않는 것으로 이해하지 말자. 내 마음을 솔직하게 이야기했는데, 상대방이 그것을 좋아하든 좋아하지 않든, 혹은 신경 쓰지 않든, 그것은 '상대방의 과제'이지 '나의 과제'는 아닌 것이다. 상대방에게 마음에 들 만한 말이 아니라, 솔직한 내 마음을 전달하는 것이 진정한 신뢰를 만들어가는 방법이라는 점을 꼭 기억하자. 상대방에게 번번이 좋습니다라고 이야기한다고 신뢰가 형성되는 것도 아니고 오히려 호구가 될 수 있다는 점을 잊지 말자. 이제 좀 더 구체적으로 그 방법을 정리해서 알아보자.

# 감정에 포스트잇을 붙여라

## 스트레이트 리스닝과 스트레이트 토크

마음속의 진실을 상대방에게 어떻게 전달해야 할까? 지난 10여 년 동안 코칭을 받고, 이 분야의 다양한 책들이 제시하는 도구들을 살펴보면서 그 핵심은 딱 두 가지로 요약할 수 있었다. '스트레이트 리스닝straight listening', 그리고 '스트레이트 토크straight talk'. 이 두 가지만 기억하고 시도하면 된다. 이렇게 되면 여러분도 나도 쿨하게 거절할 수 있고, 또 부탁도 할 수 있다. 스트레이트 리스닝이란 상대방이 한 말이나 행동, 그리고 그 영향으로 내 마음속에 떠오르는 생각이나 감정을 있는 그대로 들으려고 하는 것이다. 스트레이트 토크에서는 상대방의 행동(객관적 사실)과 내 마음속의 생각(판단)을 섞지 않고 분리하여 전달하는 것이 핵심이다. 어렵게 들리겠지만, 방법을 알고 나면 한결 쉬워질 수 있다.

'이런 싸가지 없는 녀석을 봤나.' 선배가 후배를 배려하여 두 손으로 술을 따르는데, 다른 사람들과 이야기하면서 한 손으로 술잔을 받고 있는 후배를 보면서 마음속에 떠올랐던 문장이다. 이 문장은 무얼 말할까? 내가 느낀 감정일까? 정확히 말하면 '싸가지 없는' 후배의 태도에 대한 평가라고 할 수 있다. 두 손으로 술을 따르는 선배와 한 손으로 술잔을 들고 있는 후배를 보면서 처음에는 놀랐고, 그 후배에게 화가 났다. 이처럼 놀라거나 분노를 느끼는 것이 감정이다. 감정에 대해 과학적으로 이해하는 것은 스트레이트 리스닝과 스트레이트 토크를 실행하는 데 도움이 된다. 잠시 살펴보자.

감정emotion이란 무엇일까? 감정에 대한 정의는 수천 년에 걸쳐 철학적으로도 합의를 보지 못한 문제이기도 하다. 감정에 대해 좀 더 정확한 이해를 하기 위해 유사어들과의 차이를 살펴보자. 감정을 흔히 느낌feeling과 혼동하는데, 느낌은 감정에 대한 주관적인 경험이다.[34] 여기에서 한 가지 주의해야 할 것이 있다. 좋은 감정이나 나쁜 감정이란 존재하지 않는다는 점이다. 행복과 같은 긍정적 감정과 분노와 같은 부정적 감정을 나눌 수는 있겠지만, 부정적 감정을 나쁜 감정이라 생각하는 것은 곤란하다. 특정한 상황에서 어떤 감정을 느낀다는 것은 지극히 인간적인 일이기 때문이다. 감정을 표현하는 방식, 이를테면 분노를 표출하는 방법으로서 폭력이나 폭언을 행사한다면, 우리는 그에 대해서 나쁘다고 이야기할 수 있겠지만, 분노라는 감정 자체가 좋다, 나쁘다라고 이야기할 수는 없다.

이 점을 이해하는 것은 매우 중요한데, 자신이 어떤 감정을 느낄 때, 이에 대해 좋다, 나쁘다는 판단을 하기보다 자신이 어떤 감정을 느끼고 있는지를 있는 그대로 받아들이는 것, 달리 말하면 자신의 마음속에 발생하고 있는 감정에 귀를 기울이는 것이 중요하기 때문이다. 또한, 긍정적인 태도라는 것은 모든 상황을 좋게 받아들인다는 의미라기보다는 눈앞에서 벌어지는 상황을 있는 그대로 받아들이는 태도를 말한다. 스트레이트 리스닝이란 바로 나에게 벌어진 상황을 있는 그대로 파악하고, 그로 인해 내 마음속에 드는 감정에 역시 있는 그대로 귀 기울이고 바라보는 것을 말한다.

심리학자들은 감정이 크게 세 가지의 변화를 동반한다는 점에 동의한다. 첫 번째는 앞서 살펴본 것처럼 감정에 대해 주관적으로 어떤 경험을 하는 것(느낌)이고, 두 번째는 특정 감정으로 인해 발생하는 생리적 반응, 예를 들어 땀이 나거나 혈압이 올라가거나 얼굴이 붉어지는 것 등이고, 마지막으로 감정으로 인해 어떤 행동을 하게 되는 것이다. 감정은 기분moods과도 다른데, 기분이란 몇 시간이고 며칠이고 지속될 수 있지만, 감정이란 보통 몇 초 혹은 몇 분 동안 지속되는 특징을 가지고 있다.[35]

스트레이트 리스닝을 쉽게 말하면 나에게 벌어진 사건과 그로 인해 내가 갖게 되는 감정에 '포스트잇을 붙이는 작업' 혹은 '딱지label를 붙이는 작업'이다. 물론 실제 포스트잇을 갖고 다니면서 붙이라는 말은 아니고, 마음속에서 포스트잇을 붙이는 그림을 그리면 된다. 심리학의 전문용어로는 '레이블링labeling'이라고 하는데, 내게 벌어진 일과 감정에 '레이블label'을 붙이는 작업, 즉 언어로 표현해보는 작업을 말한다. 포스트잇을 붙일 때 주의할 점은 좋다 나쁘다, 혹은 싸가지가 있다 없다는 등의 평가judgment를 배제하고, 지금 여기에서 벌어진 상황과 감정을 있는 그대로 표현하는 것이다. 앞에 든 예시의 경우 선배가 두 손으로 따르는 술을 후배가 한 손으로 받고 있다는 것은 사건에 대해 레이블링, 즉 노란색 포스트잇을 붙인 것이다. 여기에는 그 행동이 좋다, 나쁘다, 바람직하다, 바람직하지 않다는 판단을 넣지 않는다.

그리고 그 행동으로 인해 내게 유발된 감정, 즉 놀라움과 분노 역시 있는 그대로 '그렇다'고 이번에는 분홍색 포스트잇을 붙이는 작업이다. 스트레이트 리스닝에서는 아직 상대방에게 표현하지는 않은 상태이며 내 마음속에서 포스트잇을 붙이는 상상을 하는 것이다. 이는 상황과 감정으로부터 한 발 뒤로 물러서서 나를 바라보게 하기 위함인데, 이를 위해서 삼인칭을 쓰면 좀 더 도움이 된다. 즉 '내가 분노를 느꼈다'라고 마음속으로 이야기하기보다 '김호는 분노를 느꼈다'

처럼 자신의 감정을 삼인칭으로 하여 생각하는 것이다. 앞서 소개했던 하버드대학교 의과대학 정신과 교수인 스리니바산 필레이가 갑작스러운 두려움을 느꼈을 때에는 우리의 뇌가 상황을 실제보다 더 과장하여 부풀렸을 가능성이 있으므로 그럴 때는 스스로에게 '지금 또 내 편도체가 난리 났군…'이라고 생각해보는 것이 두려움을 낮추는 데 도움을 준다고 했는데, 감정, 그중에서도 두려움을 가장 우선순위에 두고 처리하는 편도체를 객관적으로 거리를 두고 바라보게 함으로써 두려움을 극복하는 데 도움이 될 수 있다는 말이었다.

# 감정의 단어장을 만든다

**감정을 경험만 하지 않고 관찰하기 위해서**

매튜 리버만과 나오미 아이젠버거 등 미국 UCLA 대학교 연구팀은 〈심리과학Psychological Science〉 저널에 발표한 논문[36]을 통해 레이블링 테크닉이 과학적으로 정서적 자극에 반응하는 편도체의 활동을 가라앉히는 데 도움을 준다는 점을 밝혔다. 여기에서 사건을 그대로 표현하는 것보다는 내 감정을 '포스트잇'에 쓰는 것에 어려움을 느낄 수 있는데, 인간이 보편적으로 느끼는 감정에 어떤 것이 있는지를 알면 도움이 될 수 있다. 즉, 포스트잇에 써 놓을 수 있는 단어장을 가지고 있으면 도움이 된다는 것이다.

앞서 소개했던 《비폭력 대화》에서는 느낌과 감정이 비슷한 의미로 해석되고 있다. 예를 들어 로젠버그는 그의 저서에서 느낌feeling 을 소개하면서 이를 "내가 관찰한 것과 관련한 생각thought이라기보다는 감정emotion 혹은 감각sensation"[37]이라고 설명을 했다. 그가 제시한 느낌의 리스트는 웹사이트에서도 손쉽게 구할 수 있다.[38] 《비폭력 대화》에서 배운 것을 적용해보면서 나는 좀 더 단순화되고 구분이 명확한 리스트가 있으면 좋겠다는 생각을 했다. 또한 주관적 느낌보다는 객관적 감정의 언어로 포스트잇을 붙여보는 것이 좋겠다고 뇌과학 연구 결과를 접하면서 생각하게 되었다. 여기에서는 심리학과 뇌과학이 제시하는 감정의 리스트를 정리해서 소개한다. 중요한 것은 로젠버그의 느낌 목록이든 심리학과 뇌과학이 제시하는 감정의 목록이든 좀 더 활용하기 편한 것을 선택하면 된다는 점이다.

심리학자인 에크만Ekman은 인간의 기본 감정을 표정과 연결 지어 연구한 학자로서 많이 인용된다. 연극 수업에서는 인간이 느끼는 다양한 감정을 표현해보라는 과제가 주어지는데, 에크만의 결과에 따르면 문화권과 상관없이 동일하게 얼굴 표정을 통해 드러나는 기본적 감정에는 여섯 가지가 있다.


1. 분노 anger
2. 두려움 fear
3. 슬픔 sadness

4. 기쁨enjoyment

5. 혐오감disgust

6. 놀람surprise


누군가가 우리에게 한 행동이나 말로 인해 어떤 감정을 갖게 되었을 때에는 우선 이 여섯 가지 감정의 목록을 보면서 내 감정이 어디에 해당하는지를 있는 그대로 들여다보도록 노력해보자. 이 목록이 불충분할 때에는 과학이 제시하는 또 다른 그림을 살펴볼 수 있다. 보통은 원으로 4개 분면을 나누어 보여주는데, 여기에서는 표로 4분면을 나누어 소개하고자 한다.[39] 심리학자들은 감정경험emotional experience을 4개로 나누는 데 있어 두 가지 중요한 잣대를 사용했다. 하나는 핵심적인 정서core affect로서 긍정적인 것과 부정적인 것을 나눈다. 여기에서 긍정적인 것과 부정적인 것은 다양한 의미를 가질 수 있는데, 도움이 되는helpful 것과 해가 되는harmful 것, 보람이나 보상으로 다가오는rewarding 것과 위협이 되는threatening 것, 접근approach이 필요하거나 물러날withdrawal 필요가 있는 것 등의 차이가 있다.[40] 또 하나의 잣대는 감정이 신체나 마음속에 흥분을 불러일으키는지 아닌지의 구분이다. 이렇게 두 가지 잣대를 중심으로 4가지 차원으로 나눌 수 있는데, 각각에 해당하는 감정들의 예는 다음 표에 적어 놓았다.

| | 긍정적인(positive) | 부정적인(negative) |
|---|---|---|
| 흥분시키는<br>aroused | 행복한(happy)<br>신나는(elated)<br>흥분되는(excited)<br>깨어있는(alert) | 화가 나는(upset)<br>스트레스 받는(stressed)<br>불안한(nervous)<br>긴장한(tense) |
| 흥분시키지 않는<br>not aroused | 만족한(contented)<br>조용한(serene)<br>긴장이 풀리는(relaxed)<br>침착한(calm) | 슬픈(sad)<br>우울한(depressed)<br>무기력한(lethargic)<br>피곤한(fatigued) |

■ 감정 경험의 차원들

    심리학자들이 제시하는 이러한 구분은 우리로 하여금 우리의 감정을 있는 그대로 보고 표현하는 데 필요한 훌륭한 단어장을 제공한다. "싸가지 없는 녀석을 봤나"라든지 "어떻게 그렇게 무책임한 말씀을 하실 수 있어요?" "저한테 너무 하는 것 아닌가요?"와 같이 바로 상대방에 대한 판단(싸가지 없는, 무책임한, 너무하는)을 전달하는 것이 아니라 상대방이 한 말이나 행동을 있는 그대로 표현하면서 자신의 감정을 다음과 같이 표현할 수 있다.

    제게 "…"라고 말씀하셨을 때, (혹은 …의 행동을 하셨을 때) 저는:

- 화가 났습니다.
- 스트레스를 받았습니다.
- 불안했습니다.
- 긴장했습니다.
- 슬펐습니다.
- 우울했습니다.
- 무기력하다고 느꼈습니다.
- 피곤하게 느꼈습니다.

스트레이트 토크를 할 때 사용할 수 있는 문장들의 예라고 할 수 있다. 여기에서 상대방에 대한 판단이 아닌 객관적인 사실(상대방의 행동이나 말)에 대해 내가 느낀 감정을 솔직하게 표현하는 것이 어떤 차이가 있는지 아는 것이 중요하다. 앞서 상대방보다 내가 어떻게 느끼는지에 더 집중하라고 했는데, 상대방에게 스트레이트 토크를 할 때에는 주어를 나로 놓고 내가 느낀 감정을 있는 그대로 전달하면 된다.

얼마 전 한 기관에서 강연을 요청한 적이 있었다. 내가 잘 알지도 못하는 곳이었고, 더군다나 강연을 요청한 날짜는 다른 선약과 겹치기도 했다. 정중하게 강의 요청을 거절하자 담당자는 내게 그 선약이 어느 곳인지 알려달라고 하면서 자기가 직접 선약한 곳에 연락하여 일정을 변경해달라고 하면 안 되겠느냐는 것이었다. 당황스러운 일이었다. 개인적 약속의 상대가 누구인지 묻는 것도 그랬고, 자신이 알지도 못하는 내 지인에게 연락해서 약속을 바꾸도록 요청하겠다는 것도 이해가 가지 않았다. 이 상황에서 상대방이 내게 한 행동과 내 마음속의 감정을 순간적으로 알아차린 후(스트레이트 리스닝), 상대방에게 스트레이트 토크를 했다. "선생님. 오늘 처음 연락을 주셔서 제게 강연을 요청하시면서 제 선약이 누구와 있는지 물어보시고, 제 지인에게 연락해서 약속을 바꾸시겠다고 말씀하시니까, 제가 화가 나네요. 황당하고 놀랍기도 하구요"라고 상대방이 한 말을 인용한 뒤, 그에 대해 내가 느낀 감정을 그대로 전달했다. 그리고는 다시는 내게 연락하는 일이 없도록 해달라고 요청했다. 상대방은 당황해서 미안하다고 하면서 자신이 실수를 했다고 인정하면서 전화를 끝냈고, 내 연락처를 알아내기 위해 연락했던 제3자를 통해서도 다시 사과의 뜻을 전해왔다.

물론 바로 "이런 건방진 사람을 봤나?"라고 쏘아 붙일 수도 있겠지만, 그러면 상대방은 다시 방어적으로 나오거나 "무슨 말씀을 그렇게 심하게 하느냐?"면서 말싸움이 오래 지속될 수 있다. 물론 사람에 따라 결론 없는 싸움을 더 길게 하는 쪽을 선호하는 사람이 있을 수도 있겠으나, 이런 사람과 전화통을 붙잡고 감정싸움을 하면 전화를 끝내고 나서도 씩씩거리게 되고 쓸모없는 싸움에 시간과 감정을 소모하게 된다. 목소리를 높이지 않고 분노를 표현하면 상대방은 의외로 쉽게 자신의 잘못을 인정하고 방어적으로 싸움을 하려는 태도를 바꾸게 된다.

언성을 높이며 싸우는 것과 그렇지 않은 것을 비유적으로 개와 사자의 차이로 설명하기도 한다. 사자는 싸울 때 점잖게 몇 번 으르렁거리는 것으로 그치지 개처럼 요란하게 짖어대며 화를 내지 않는다. 개가 짖어대는 것은 화를 내는 동시에 상대방에 대한 두려움의 표시이다. 물론 스트레이트 토크를 하면서도 언성을 높일 때가 있다. 하지만 레이블링 테크닉을 쓰다 보면 웬만한 상황에서는 침착하게 자신의 부정적 감정을 상대방에게 그대로 전달할 수 있게 된다.

미국심리학회American Psychological Association 대표를 2015년까지 역임했던 노먼 앤더슨Norman Anderson은 아내인 엘리자베스 앤더슨Elizabeth Anderson과 함께 쓴 《감정적 장수Emotional longevity》에서 감정과 건강의 상관관계에 대해 이야기하면서 감정을 드러내는 것emotional disclosure이 건강에도 긍정적 영향을 미친다고 적었다. 자신이 느끼는 감정을 있는 그대로 적거나 말하면서 표현하는 것이 그렇지 않을 때보다 건강에 좋다는 것이다. 앤더슨 부부는 처음에 감정을 표현할 때 스트레스를 느낄 수 있겠지만 이는 오래가지 않으며 점차 사라지기 마련이라고 말한다.[41]

사건과 감정을 분리하는 레이블링 테크닉을 사용해 스트레이트 리스닝과 스트레이트 토크를 하는 것은 자신의 심리적 위치를 '경험자'

에서 '관찰자'로 바꾸기 위해서이다. 자신의 감정을 관찰하는 훈련이 되지 않고 막연하게 경험만을 하게 되면 감정에 휩싸여 자신을 통제하기 힘들게 된다. 《두려움》의 저자 필레이 교수도 경험자에서 관찰자로의 자리 이동의 중요성을 강조하는데, 거절을 잘하기 위해서 관련된 기본적인 심리학이나 뇌과학의 이론을 살펴보는 것은 이러한 이론적 도구들을 통해서 자신의 감정에 대한 관찰자로 나아가는 데 도움이 되기 때문이다.

수년 전 정신과 의사이면서 상담과 코칭을 해온 《굿바이 게으름》의 저자 문요한 선생의 워크숍에 참여했던 적이 있었다. 그는 감정 조절에 대한 워크숍을 진행하면서 과제물로 감정 일기를 적도록 했는데, 여기에서도 역시 있는 그대로의 사건과 감정을 분리하여 바라보고 적는 것이 중요했다.

스트레이트 리스닝에 사건과 감정을 있는 그대로 바라보는 두 가지가 있다면, 스트레이트 토크에는 사건과 감정을 분리해서 전달하는 부분과 거절이나 부탁을 하는 두 부분으로 나눌 수 있다. 사건과 감정을 분리해서 전달하는 것은 위에서 살펴보았고, 이제 거절과 부탁을 하는 부분을 살펴보자.

# 부탁을 잘하기 위해 알아야 할 것들
## 부탁의 단어장과 '영향력의 순간'

거절과 부탁은 동전의 양면과 같다. '마음이 약해' 거절을 못하는 사람은 다른 사람에게 도와달라고 부탁하는 것도 부담스러워한다. 부탁이 자신에게 필요한 것을 상대방에게 요청하는 행위라면, 거절은 상대방의 부탁에 대해 부정적 의견을 전달하는 행위이다. 언어학 분야에서 거절과 부탁에 어떤 표현들이 쓰이는지, 문화권에 따라 어떻게 달라지는지에 대한 연구들이 진행되어왔다.[42]

숙명여대의 김하나 씨는 학술지인 〈한국어와 문화〉에 흥미로운 논문[43]을 실었는데, 한국어에서 요청과 거절의 표현 유형을 발견하기 위해 시트콤 〈몽땅 내 사랑〉(MBC, 2010~2011년), 〈오작교 형제들〉

(KBS, 2011~2012년), 〈신사의 품격〉(SBS, 2012년) 세 편을 분석하였다. 그는 요청과 거절 표현을 기존 연구 결과들을 참조하여 유형별로 나누어 표로 제시했다. 여기에서는 그 결과물을 그대로 옮기는 것보다는 본 책의 취지에 맞는 부분을 골라서 제시하도록 하겠다. 그의 논문은 한국어에서 드러나는 표현들을 정리한 것이지만, 그중에서는 이 책에서 말하는 스트레이트 토크에 사용할 수 있는 것과 없는 것이 있기 때문이다. 예를 들어, 한국인들이 사용하는 '암시형 요청'(논문에는 친구에게 함께 시간을 보내자는 요청을 직접 하기보다는 "오늘 수업 끝나고 뭐해?"라고 말하는 예가 나온다)이라든지, '부정적 질문 형식의 요청'("이거 못해요?" "안 먹어?"와 같은 예) 등이 나오는데, 스트레이트 토크에서는 이런 질문 형식은 포함시키지 않기 때문이다.

부탁을 할 때 쓸 수 있는 표현을 김하나 씨가 한 논문의 분석에서 스트레이트 토크에 해당되는 유형만을 골라 예문과 함께 선택적으로 정리해보면 다음과 같다. 차이점을 알기 위해 같은 예문을 다양한 방식으로 표현해본다.

A. 명시적 요청: "~해주세요"라고 대놓고 요청하는 방식이다. (예: "자료를 ○○부서에 이메일로 보내실 때 제게도 공유해주세요.")

B. 제안성 요청: "~ 어때요?" "~할까요?"와 같은 문장을 사용하면서 요청하는 방식이다. (예: "자료를 ○○부서에 이메일로 보내

실 때 제게도 보내주시면 어떨까요?")

C. **소망의 표현:** "~하고 싶습니다" 혹은 "~하면 감사하겠습니다"
와 같은 표현을 써서 요청한다. (예: "자료를 ○○부서에 이메일
로 보내실 때 제게도 보내주시면 감사하겠습니다.")

D. **의무의 진술:** "~해야 합니다" 혹은 "~하지 말아야 합니다"와
같은 방식의 요청이다. (예: "자료를 ○○부서에 이메일로 보내실
때에는 제게도 참조로 보내주어야 합니다.")

E. **수행문의 사용:** "~ 부탁합니다" 혹은 "~ 바랍니다"와 같이 부
드럽게 요청하는 방식이다. (예: "자료를 ○○부서에 이메일로 보
내실 때에는 제게도 공유해주시기 바랍니다.")

F. **가능성 질문하기:** "~해주실 수 있을까요?"와 같이 내 요청에 대
해 들어줄 가능성에 대해 상대방에게 질문하는 형식이다. (예:
"자료를 ○○부서에 이메일로 보내실 때에 제게도 공유해주실 수 있
을까요?")

G. **청자의 의지 질문하기:** "~하시겠어요?"와 같이 묻는 형태이다.
얼핏 보면 제안성 요청과 비슷하게 들릴 수 있는데, 제안성 요
청이 내가 상대방에게 요청하는 형태를 띤다면, 여기에서는
상대방이 내 요청을 들어줄 의지가 있는지를 확인하는 형태로
부탁을 한다. (예: "자료를 ○○부서에 이메일로 보내실 때에 제게
도 공유하시겠어요?")

앞에서 제시한 일곱 가지 형식의 차이점을 아는 것보다 더 중요한 것은 내가 일반적으로 사용하기 편안한 형태를 골라내는 것이 더 중요하다. 직장 내에서 상사나 타 부서 동료들에게 부탁하는 것이 불편하다면, 그들에게 내가 주로 사용할 수 있는 요청/부탁의 형태는 일곱 가지 중 어느 것인지를 골라서 실제 현장에서 사용해보자.

여기에서 한 가지 보너스. 위와 같이 우리가 상대방에게 요청을 했는데, 상대방이 거절을 할 때에는 어떻게 반응할 수 있을까? 물론 이 책의 맨 앞에서 살펴보았듯이 우리는 상대방의 거절에 익숙해질 필요가 있다. 거절은 삶의 디폴트이니까.

하지만 예를 들어 여러분이 직장을 옮기면서 연봉협상을 한다고 치자. 이런 경우에는 무조건 거절에 익숙해지는 것보다 자신이 원하는 것을 최대한 얻을 수 있는 방법에 대해 미리 고민해보는 것이 좋다. 《설득의 심리학》 저자인 로버트 치알디니 박사로부터 배운 '영향력의 순간'(그는 이것을 'moment of power'라고 불렀다)이라는 개념을 소개하겠다. 우리는 보통 부탁을 하고 나서 거절을 당하면 당황, 실망, 혹은 분노하기도 한다. 하지만 연봉 협상 자리에서 내 제안을 거절당한 뒤 실망하거나 혼자서 화를 내기보다는 한 가지 더 시도해볼 수 있는 것이 있다. 바로 차선책을 제시하는 방법이다.

연봉 협상에서 지원자가 제시한 연봉을 다 들어주는 경우는 그리 많지 않다. 또한 연봉 협상이란 지원자에게는 매우 중요한 제안과 협상의 순간이다. 이처럼 중요한 제안의 자리이면서 동시에 거절당할 수 있는 가능성이 있을 때에는 미리 차선책으로 제시할 수 있는 선택안을 몇 가지 준비하고 임하는 것이 좋다. 연봉에서 만족할 만한 협상이 안 될 때에는 차선책으로 자신이 얻을 수 있는 것을 제안하는 것이다.

예를 들어보자. 내가 이전 직장에서 상사와 연봉 협상을 하던 때였다. 나는 기회가 있을 때마다 국내외의 좋은 트레이닝 프로그램을 찾아다니면서 교육을 받는 데 시간과 비용을 투자한다. 연봉 협상에서 내가 제시한 안이 받아들여지지 않고 결국에는 내가 일정 부분 양보해야 할 때였다. 그때 나는 내가 제시하는 연봉은 모두 다 받지는 못하지만 회사에서 내 교육 비용의 일부를 부담해주면 좋겠다는 차선책을 제시했다. 운 좋게도 연봉 협상에서 일부분 양보를 할 때 차선책을 제시하는 이 방법으로 한 번이 아니라 두 번에 걸쳐 회사에서 교육 비용 지원 혜택을 받을 수 있었다. 그렇다면 치알디니 교수가 이야기한 '영향력의 순간'이 이런 차선책과는 어떤 관계가 있는 것일까?

차선책은 상대방이 내 요청을 거절한 순간에 들이밀어야 효과가 있다. 연봉협상을 마친 뒤에 하루 지나서 상사에게 가서 "그런데, 연봉은 제가 일부 양보했으니, 교육 비용을 지원해줄 수 있나요?" 묻는다면 이런 제안은 효과가 급격히 떨어진다. 나의 1차 제안에 대해 상대방이 거절하고 내가 양보한 순간에 차선책을 제시해야 효과가 높은 것이다. 물론 차선책을 영향력의 순간에 맞추어 제시한다고 다 들어지는 것은 아니지만, 이런 제안을 안 할 이유가 없다. 차선책을 들어줄 가능성이 다른 때보다 더 높고, 그렇기 때문에 이를 심리학자들이 '영향력의 순간'이라고 부르는 것이다. 따라서 여러분이 중요한 제안을 고객이나 상사에게 할 때에는 상대방이 거절할 경우에 그 자리에서 제시할 수 있는 차선책 아이디어를 미리 생각해보고 가는 것이 좋다.

앞서 펜실베이니아에서 옷을 구매하면서 직원 할인을 받은 경험을 이야기했는데, 이 때 다이아몬드 교수가 조언했던 "예외 조항을 물어보라"는 것도 이러한 영향력의 순간과 연결될 수 있다. 할인을 요구했다가 거절당했을 때 그냥 물러서는 것보다 예외적으로 할인 받을 수 있는 방식이 있는지 한 번 더 요청해보는 것이다. 서울 시내 고급 백화점에서 주방용구세트를 구매할 때였다. 매장 직원에게 할인이 가능한지를 묻자 마침 20% 할인 행사 중이라고 알려주었다. 물론 20% 할인 가격으로 살 수도 있었겠지만 예외조항을 물어보라는 조언을 기억하고 "20% 할인 중이라는 것을 잘 알겠습니다. 그런데 여전히 제게는 부담스러운 가격이라 그런데 혹시 제가 조금이라도 더 싸게 구매할 수 있도록 도움주실 수 있는 방법이 있을까요?"라고 큰 기대 없이 매장 매니저에게 물어보았다. 놀랍게도 매니저는 세 세트에 한해 매니저의 재량으로 30% 할인할 수 있는 권한이 있다면서 더 할인된 가격으로 내게 판매했다. 이때 직원이 아닌 매니저에게 요청을 했다는 점도 중요하다. 부탁을 할 때에는 요청을 들어줄 수 있는 권한이 있는 사람에게 하는 것도 중요하기 때문이다.

# 거절을 잘하기 위해 알아야 할 것들

## 거절의 단어장과 '비폭력적인 두 손'

거절의 방법에 대해서도 구체적 표현과 함께 단어장을 만들어보자. 앞서 살펴본 김하나의 논문에서는 거절 표현의 유형을 22가지나 찾아냈는데, 여기에서는 몇 가지를 골라내어 우리가 스트레이트 토크에서 활용할 수 있는 방식으로 변형하여 정리해본다.

우선 가장 단순한 형태는 직접적으로 그 어떠한 설명이나 이유 없이 거절하는 것이다. 예를 들어, 앞의 예문에서 ○○부서에 이메일을 보낼 때 자신에게도 공유해달라는 요청에 대해서 "싫습니다" 혹은 "안 됩니다"와 같이 거절하는 것이다. 하지만 관계를 중시하고 간접적 표현을 선호하는 한국 문화의 특수성을 고려하고, 또한 이 책의 주요 독자라 할 수 있는 마음이 약해 거절을 잘 못하는 분들의 특성을 감안할 때 이러한 직접적 거절이 힘들 것이라는 점은 충분히 예상할 수 있다.

단순 거절이 아닌 거절은 거절의 뜻과 함께 이유, 대안, 관심, 감사 등의 뜻을 함께 전달하는 형태이다. 이는 주로 상대방의 체면을 고려하면서 거절의 뜻을 전달하는 방식이다.

**A. 이유와 함께 거절하기** 내가 거절하는 이유가 무엇인지에 대해서 설명하면서 거절의 뜻을 전한다. (예: "상무님으로부터 정해진 부서 이외의 인원에게는 절대 허락 없이 이메일을 공유하지 말라는 지시가 여러 번 있어서, 제가 ○○님에게 이메일을 공유할 수가 없습니다.") 김하나의 논문에서는 따로 구분했지만 '능력'을 들어 거절하거나 (예: "제가 타 부서 인원과의 이메일 공유에 대해 판단할 수 있는 부분이 아니라서 보내드릴 수 없습니다."), '의지'를 들어 거절하는 것(예: "(과거에 유사 사례로 사고가 난 적이 있어서) 제가 공유하고 싶지 않습니다.")도 여기에서는 넓게 보아 이유를 들어 거절하는 것에 포함한다.

**B. 대안을 제시하면서 거절하기** 상대방이 요청하는 것을 10으로 가정했을 때, 그것을 들어줄 수는 없지만 5~6 정도 되는 대안을 제시하면서 거절하는 것이다. 상대방이 나에게 1시간 동안 대

면 회의를 요청했다면, 거절의 뜻을 밝히면서 "대신 꼭 필요하시다면 제가 전화로는 통화하면서 상의할 수는 있습니다" 혹은 "이메일로 의견을 드릴 수는 있습니다"와 같이 대안을 제시하는 것이다. 앞의 예문과 관련해서는 "제가 직접 타 부서에 계신 ○○님에게 이메일을 공유해드릴 수는 없지만 전화로 기본적 내용은 공유해드릴 수 있습니다"와 같이 말하는 것도 대안을 제시하며 거절하는 형태이다.

C. **관심이나 동의, 협조의 뜻을 보여주면서 거절하기**: 상대방이 내게 요청한 사안에 대해서 나도 관심이 있으며, 전반적으로 동의하고, 협조하고 싶지만, 상황상 거절해야 할 때 사용할 수 있는 방식이다. 1부 5장 '거절에 서투른 상사와 부하직원이 만났을 때'에서 동의할 수 있는 방식으로 동의하지 않는disagree agreeably 표현을 정리한 적이 있었는데, 많은 표현들이 여기에 해당한다. (예: "정말 하고 싶은데, 그 사안은 몇 가지만 조정해주시면 가능할 것 같습니다" "힘드신데 도움 드리고 싶습니다. 다만, 제가 다른 방식으로 도움드릴 수 있게 해주세요" "그 말씀에 동의합니다만, 저희가 해야 하는 업무 방식에 대해서는 의견이 조금 다릅니다" "부장님 말씀에 10에 9는 찬성입니다. 다만, 합의를 보아야 하는 부분이 한 가지 있는 것 같습니다" 등)

D. **감사의 뜻을 표현하면서 거절하기**: 상대방이 내게 부탁한 것에

대해서 감사의 뜻을 표하면서 거절의 뜻을 전달하는 것이다. 이는 내가 들어줄 수 없는 강연요청을 받을 때 많이 사용하는 표현이다. "제게 관심을 갖고 강연 요청을 해주셔서 감사합니다. 하지만 일정상 제가 강연을 할 수 없습니다"와 같이 거절의 뜻을 표현하는 것이다.

직접적이고 단순한 거절과 위에서 살펴본 4가지 형태의 거절 유형을 참조하여 상황에 맞는 거절을 하도록 해보자. 스트레이트 토크의 일환으로서 거절한다는 점을 생각하여 무엇이 거절할 때 나의 상황과 맞는지를 고려하자. 무조건 이유나 설명 없이 직접적으로 거절하는 것도 바람직하지 않지만, 너무나 미안해하면서 거짓으로 이유나 설명을 대면서 거절하는 것도 바람직하지 않다. 때로는 내키지 않아서 거절을 할 수도 있는 것이며 우리 모두는 그렇게 말할 수 있는 권리를 갖고 있다.

그러나 여전히 늘 상대방의 요청이 마음에 들지 않으면서도 관계에 손상이 갈까 두려워 거절을 표현하지 못하던 사람들에게는 위와 같은 표현을 하는 것이 부담스러울 수 있다. 여기에서 내가 코치인 지아노티 박사로부터 배웠던 거절의 개념 한 가지를 소개한다. '비폭력적인 두 손two hands of non-violence'이라는 것인데, 이는 시각적으로도 거절하는 좋은 방법을 기억할 수 있어 내게는 많은 도움이 되었다. 이 개념은 상대방에게 무엇을 하지 말라고 요청할 때에도 사용할 수 있다. 물론 현장에서 말할 때 이런 제스처를 하라는 뜻보다는 거절할 때 중요한 두 가지 메시지를 기억하는 의미로 두 손을 사용하라는 것이다.

먼저 한 손은 상대방에게 거절의 뜻을 나타내는 것으로 상대방이 내 손바닥을 정면으로 마주한 상태이다. 이는 상대방에게 특정 행동이나 말을 하지 말라고 요청하거나 싫다는 뜻을 표현하는 손이다. 또 하나의 손은 상대방을 향해 내미는 형태로 손바닥이 하늘을 향하면서 상대방에게 손을 잡자는 의미로 내미는 것이다. 이 두 가지 손이 의미하는 바를 종합해서 이야기하면 "나는 당신과 잘 지내고 싶다" 혹은 "앞으로도 나는 당신과 협조하면서 생활하고 싶다"라는 뜻을 밝히면서 하지만 그렇게 잘 지내고 협조하면서 지내기 위해서 당신이 내게 해주어야 할 것이 있는데, 이런 행동이나 말은 하지 말아달라고 요청하거나 거절의 뜻을 말하는 것이다.

고객에게 서비스를 하는 컨설턴트의 경우 평일 밤 10시가 넘어서는 물론이고 토요일이나 일요일에도 급하지도 않은 사안이면서 카톡이나 전화를 하는 고객 때문에 고민할 때가 있다. 이럴 때에는 고객을 향해 비폭력적인 두 손을 내미는 것을 머릿속에 그리면서 다음과 같이 말할 수 있다. "○○님. 저는 함께 일하는 프로젝트를 잘하고 싶고, 또 ○○님과 이 프로젝트를 성공적으로 수행하고 싶습니다.

그런데 제가 이 프로젝트를 ○○님과 잘해야 하기 위해서는 제가 쉴 때는 푹 쉴 수 있어야 하는데, 제가 한 가지 어려움이 있습니다. 저녁 늦게 제게 카톡을 보내시거나 주말에 전화를 하시게 되면 제가 긴장하거나 스트레스를 받습니다. 그래서 저를 한 가지 도와주셨으면 합니다. 위급한 상황이 아니면 평일 8시 이후나 주말에는 제게 전화나 카톡을 하시기보다는 이메일로 보내 놓으시면 제가 업무시간에 확인하고 답장을 드리도록 하겠습니다. 그렇게 도와주실 수 있을지요?"

그렇게 말해봐야 고객에게 욕만 얻어먹는다고 하는 분들이 있다는 것을 잘 알고 있다. 하지만 정말 그럴까? 그렇게 말하는 것이 불편한 내 마음을 편하게 하기 위해 '어차피 내 고객에게는 그렇게 말해봐야 소용없어!'라고 넘겨버리고 싶은 것은 아닌지. 거절이 두려워 시도 자체를 하지 않는다면, 그리고 마음속의 진실을 전달하지 못하는 '상황'만을 문제라고 여긴다면 물론 소용이 없겠지만, 진심으로 내가 상대방을 대하는 방식을 변화시키고 싶다면 이 책에서 제시한 도구들을 내 상황에 맞게 얼마든지 활용할 수 있을 것이다.

## 4단계 모델로 요약해서 살펴보기

우리는 상세하게 스트레이트 리스닝과 토크를 언어학에서부터 심리학과 뇌과학의 논문에서 제시한 이론과 프레임워크를 활용하면서 살펴보았다. 하버드대학교 의과대학 정신과 교수인 스리니바산 필레이는 어떤 시도에 성공하기 위해서는 뇌에도 구체적인 과정과 정보를 제공해야 한다고 말한다.[44] 즉, 단순히 '나는 거절을 좀 더 잘하고 싶다'라고 생각하는 것은 실제로 거절을 잘하는 데에는 별 도움이 되지 않는다는 뜻이다. 그보다는 뇌가 차근차근하게 받아들일 수 있도록 단계별로 무엇을 어떻게 해야 하는지 구체적으로 이해하고 뇌에 정보를 제공해야 거절을 잘 할 수 있는 가능성이 높아진다는 것이다. 이때 단계도 추상적으로 이해하는 것은 도움이 되지 않는다. 앞서서 매 단계마다 '이유와 함께 거절하기' 혹은 '가능성 질문하기'와 같은 추상적 분류에 그치지 않고, 그것이 구체적으로 무엇을 뜻하는지 예문을 들어 설명한 것 역시 실제 행동으로 옮길 수 있는 가능성을 높이기 위한 과학적 고려에서 나온 것이다.

이런 이론적 틀을 활용하여 작은 시도들을 해보고, 거기에서 성공의 경험, 즉 지금까지 하지 않던 거절이나 부탁을 하더라도 다른 사람들과의 관계에 손상이 오는 것이 아니라 오히려 신뢰도를 높일 수 있고, 내 마음도 한결 더 가벼워질 수 있다는 경험을 하고 나면, 우리는 더 이상 피하지 않고 마음속의 진실을 전달하는 작업에 더 집중할 수 있게 된다. 여기에서는 앞서 상세하게 설명했던 것을 하나의 단계별 모델로 요약하여 보여주고자 한다.

먼저 우리가 기억해야 하는 마인드 세트 두 가지를 요약해보면 다음과 같다.

(1) 거절이나 부탁을 하지 못하는 자신의 특성을 '착한 사람' '좋은 관계' 등의
    이유로 정당화하거나 회피하지 않고 자신의 취약성vulnerabilities으로 있
    는 그대로 인정한다.
(2) 거절이나 부탁을 하려고 노력하기보다는 특정 상황에서 벌어지는 내 마
    음속의 진실truth을 상대방에게 있는 그대로 전달하려고 노력한다.

이런 두 가지 마음가짐을 기본으로 하고 나면 네 가지 단계가 있다.

(1) Situation: 사건이 발생한 상황. 때와 장소 등을 의미한다.
(2) Say & Do: 상대방이 한 말/표현 혹은 특정 행동. 여기에서는 좋다, 나쁘
다는 판단을 하지 않고 있는 그대로 바라보고, 또 전달하는 것이 중요하다.
(3) My Emotion: 특정 상황에서 상대방이 한 말이나 행동에 대해 내 마음
속에서 느낀 감정을 여섯 가지 기본 감정 혹은 확장된 형태의 감정 경험들을
담은 표를 활용하여 살펴보고, 또 있는 그대로 전달한다.
(4) Rejection or Request: 자신이 상대방에게 요청하고 싶은 것이나 거
절의 뜻을 밝히고 싶은 것이 있는지 마음속의 소리를 들어보고, 있는 그대로
전달한다. 앞서 정리한 일곱 가지 요청형태와 다섯 가지 거절형태(네 가지와
비폭력적인 두 손)를 참고한다.

여기에서 1-2-3-4까지 스트레이트 리스닝, 즉 마음속에서 들어보고 정리한 후, 다시 1-2-3-4의 순서로 상대방에게 스트레이트 토크, 즉 있는 그대로 전달하도록 한다.

스트레이트 토크를 할 때에는 얼굴을 보면서 직접 하거나 전화를 통해 목소리로 전달하는 것이 일반적으로 더 좋다. 하지만 때로는 상황이 심각해서 얼굴을 보고 말하는 것이 부담스럽거나 혹은 자신이 말로 할 때보다 글로 하는 것이 더 자신이 있는 경우에는 이메일 등의 방식을 쓸 수 있다. 서면으로 할 때에는 보내기 전에 편집 등을 통해 수정할 수 있는 기회가 있다는 장점도 있지만 상대방에게 기록으로 남을 수 있다는 점도 현실적으로 고려해야 한다. 그리고 절대로 흥분한 상태에서 이메일의 보내기send 버튼을 누르지 말고, 한 번 더 생각하고 보내도록 하자.

## 두 가지는 꼭 기억하자, YB와 MT

스트레이트 리스닝이나 토크에서 말한 네 가지 단계를 기억하기 힘들 것 같다면 이 두 가지는 반드시 기억하자. YB(Your Behavior, 상대의 행동 혹은 말), 그리고 MT(My Truth, 내 마음 속의 진실). 내 마음속의 진실에 귀를 기울이거나 다른 사람에게 그것을 전달하고자 할 때 상대방의 행동과 내 마음 속의 진실을 구분하는 것이 스트레이트 리스닝과 토크에서 핵심이다. 심리학자 수잔 캠벨은 "나는 네가 …해서 화가 나" 혹은 "나는 네가 …해서 고마워"라는 예문을 활용해보라고 했는데, 이 예문에서도 결국은 YB-MT를 구분하는 구조가 핵심이다. 즉, 여러분이 한 가지 기억해야 할 예문이 있다면 다음과 같다:

"나는 네가 YB해서 MT해."

5부

# 거절의 근육을
# 키우면 더 나은 삶이
# 기다리고 있다

"사람들은 자신이 해야 하는 일에 '예스'라고 말하는 것이
집중이라고 생각한다.
하지만 집중이란 전혀 그런 의미가 아니다.
집중이란 수백 가지 다른 좋은 아이디어들에 '노'라고 이야기하는 것을 의미한다.
신중하게 골라야 한다. 나는 그동안 내가 해온 일만큼이나
우리가 해오지 않은 일에 대해서도 자랑스럽게 생각한다.
혁신이란 천 가지 일들에 대해서 '노'라고 이야기하는 것이다."

스티브 잡스

만약 자랑스러운 것이 아니라면 하지 마세요. 만약 잘할 수 있는 일이 아니라면,
하지 마세요. 만약 정말 중요한 일을 방해하는 것이라면 그냥 지나쳐버리세요.
만약 그들이 왜 당신에게 이 일을 요청하는지 모른다면, 물어보세요.
만약 어머니에게 보여줄 수 있는 일이 아니라면, 다시 한 번 생각해보세요.
만약 어떤 일이 당신에게는 이익을 주지만, 당신이 중요하게 생각하는 사람들에게는
그렇지 않는다면, 거절하세요. 만약 다른 사람들이 하기 때문에 하는 것이라면,
그건 충분한 이유는 아니에요. 만약 그 일이 오랫동안 당신에게 짐이 될 수도 있는
습관을 만들 것 같다면, 시작하지 마세요. 만약 그 일이 당신을
더 나아지게 만드는 것이 아니라면 주저해보고, 빠져나가세요. 짧게 생각해보면
항상 급합니다. 타협의 순간은 적절한 것처럼 보입니다. 하지만 길게 보면
"아니에요"라고 이야기하는 것이 더 좋다는 점을 기억하세요. 다른 한편에서는
"좋아요"라고 이야기해야 할 때가 있습니다. "좋습니다"라고 이야기하고
정말로 중요한 것들을 만들어가세요.

마케팅 전문가 세스 고딘

마지막 챕터는 '거절의 활용편'이다. 지금까지 우리는 삶 속에서 왜 거절이 필요한지, 그리고 어떻게 거절의 근육을 키우고, 좀 더 '어서티브'한 삶을 살 수 있는지 구체적인 도구들을 살펴보았다. 하지만 거절은 의외로 좀 더 많은 분야에서 우리에게 그리고 조직에 도움을 주고 있다. 우리가 그동안 이런 거절의 효용성에 대해 눈여겨보지 않았을 뿐이다.

5부에서는 거절이 인재 선발, 커리어 개발, 리더십, 의사 결정 및 자기계발에서 어떤 핵심적 역할을 하는지 실제 사례를 살펴보게 된다. 이번 내용을 읽어가면서 여러분은 거절이나 어서티브니스가 단순히 대인관계뿐 아니라 여러분이 리더로 성장해나가고 훌륭한 의사결정을 하며 팀이나 조직을 경영하는 데 있어서도 얼마나 중요한 역할을 하는지 알 수 있을 것이다.

## 거절을 한 만큼 애착을 갖게 된다
### 거절을 직원 선발 과정에서 활용하는 기업

자포스의 출발점은 1999년 신발을 온라인을 통해 팔겠다는 아이디어로부터였다. 처음엔 투자자로 참여했던 토니 셰이가 CEO로 나서고, 급속하게 성장해온 자포스는 2008년 자신들의 목표보다 2년이나 빠르게 미화 10억 달러(한화 약 1조 1,000억 원) 매출을 올린다. 이듬해인 2009년 아마존은 자포스를 인수하게 된다. 자포스는 독특한 기업문화로 유명하며, 아마존은 인수 후에도 자포스만의 경영과 조직문화를 존중했다.

이 회사에서는 직원 선발시 두 종류의 인터뷰를 하게 된다. 하나는 일반 기업과 마찬가지로 직원의 능력과 경험 등을 인터뷰하고, 또 하나의 인터뷰는 능력과 상관없이 지원자가 자포스의 기업문화에 맞는지를 평가한다. 능력이 출중한데도 기업문화 인터뷰를 통과하지 못해 탈락하는 인재들도 많다. 그만큼 자포스의 경영에서 기업문화의 중요성은 높다. 2013년부터는 직급과 수직적 체계를 완전히 없애고 명확한 개인의 역할 규정과 함께 수평조직과 자율적 체계로 움직이는 '홀라크라시holacracy'라는 대담한 실험을 해오고 있다. 이 회사에서는 독특하게 자신들의 기업문화에 대한 충성도를 높이기 위해 거절을 활용하고 있다.

이 회사에서는 채용이 되고 나면 4주에 걸친 트레이닝을 받게 된다. CEO인 도니 셰이는 자포스 브랜드의 핵심을 최상의 소비자 서비스와 소비자 경험으로 정의하고, 재무팀으로 입사한 회계사든 법무팀으로 입사한 변호사든 모든 직원들이 2주간 콜센터에서 실제로 소비자 전화 응대를 경험하도록 한다. 4주간의 트레이닝 중 첫 주를 마치고 나면 자포스는 의외의 제안을 한다. 지금이라도 자포스의 기업문화가 자신과 맞지 않는다고 판단한 직원들이 그만둘 경우, 지금까지 트레이닝 받느라고 일한 비용에 무려 2,000달러(한화로 200만 원이 넘는다)의 보너스를 지급한다고 제안한다.[45] 입사 트레이닝 과정에서 회사와 자신이 안 맞는다고 판단해 2,000달러의 보너스를 받고 떠나는 직원들은 3퍼센트 미만이다. 이 제도는 처음에 100달러에서 시작하여 500달러, 1,000달러에서 2,000달러까지 올렸다.

미국의 변호사이자 경제학자로 예일대학교 법대와 경영대에서 교수로 활동하는 이언 에어즈는 행동경제학을 설명한 책《당근과 채찍》에서 자포스의 이 제도를 조명한다. 회사의 입장에서는 입사한 지 얼마 안 되어 회사를 그만두면 신입직원들이 먹을 수 있는 2,000달러라는 보너스를 당근으로 제시하면서 회사와 문화적으로 맞지 않는 직원들을 초기에 가려낸다. 특히 에어즈는 이 제도가 신입사원들에게 미치는 심리적 영향에 주목하는데, 트레이닝 받는 기간에 대한 급여와 함께 2,000달러라는 보너스를 대다수의 직원들(97퍼센트 이상)이 거부함으로써 직원들은 자포스라는 직장에 대한 애정과 심리적 개입을 더 높이는 것이다. 그들로서는 보너스를 희생하고 남기로 결정한 직장이기 때문이다.

2014년 아마존은 자회사인 자포스의 이 제도를 벤치마킹하여 창고에서 일하는 직원들에게 적용했다. 이들은 자포스와는 달리 입사한 지 1년이 넘은 시점부터 회사를 떠날 경우 2,000달러를 지급하고, 회사 재직 기간이 1년이 늘어날 때마다 1,000달러씩을 더해 최대 5,000달러까지 일종의 퇴사 보너스를 지급하기로 했다. 결국 거절에 대한 사람의 심리를 활용하여 퇴사 보너스를 거절하고 직장에 남는 사람들이 더욱 조직에 애정을 갖고 일하도록 만드는 시도라고 할 수 있다.

# 싫은 소리를 해주는 사람이 필요한 이유

## 블라인드 사이드에 대한 피드백

여배우 샌드라 블록이 아카데미와 골든 글로브 여우주연상을 비롯 6개의 상을 거머쥔 2009년 존 리 행콕 감독 작품 〈블라인드 사이드〉. 이 영화의 시작은 1985년 11월 18일 미국 미식축구 역사상 '가장 충격적인 장면'으로 꼽히는 실제 장면으로 시작한다.

1974년부터 워싱턴 레드스킨에서 활동하면서 당시 최고의 쿼터백으로 이름을 날렸던 조 타이스먼Joe Theismann. 그가 공을 오른손으로 던지려는 순간 뉴욕 자이언츠의 라인배커linebacker(상대팀 선수들에게 태클을 걸어 방해하는 수비수들)였던 거구의 선수 로렌스 테일러가 조 타이스먼의 왼쪽 뒤편에서 덮쳤다. 그의 힘에 눌려 조 타이스먼은 허리가 거의 180도로 꺾였고 로렌스 테일러의 무릎이 타이스먼의 오른쪽 다리 무릎과 복숭아뼈 위를 누르면서 그의 다리는 산산조각이 났다. 로렌스 테일러 위로 두 명의 선수가 태클을 걸기 위해 덮치면서 최악의 장면은 벌어졌다. 타이스먼은 이후 불구가 되어 서른여섯의 나이에 은퇴를 해야만 했다. 그 이후 타이스먼은 미식축구 해설가로서 활발하게 활동해왔다. 이 비극적 사건으로 인해 오른손잡이 쿼터백의 시야로는 볼 수 없는 블라인드 사이드인 좌측 후방을 보호해주는 래프트 태클이 쿼터백에 이어 연봉이 두 번째로 높은 위치가 된다.

수년 전 나는 한 대기업의 리더십 센터로부터 이 영화를 분석하여 리더십 멘토링 세미나로 만들어달라는 요청을 받은 적이 있다. 당시 영화 기획자이자 시나리오 컨설턴트인 함춘성과 팀을 이루어 이 영화를 여러 번 보면서 분석해내고, 전국을 돌며 극장에서 고객사 직원들과 함께 영화를 보고 난 뒤, 멘토와 멘티가 짝이 되어 세미나를 했던 적이 있다. 당시 이 영화에서 가장 중요한 장면이 바로 위에서 설명한 첫 장면이었다. 이 장면은 미국의 심리학자인 조세프 루프트 Joseph Luft와 해링턴 잉햄 Harrington Ingham이 1955년 개발해 지금까지도 널리 사용되는 '조하리의 창 Johari window'과 연결 지어 설명할 수 있다.

다음 표에서 보듯, 남들과 내가 알거나 볼 수 있는지 여부에 따라 총 4개의 영역이 나타난다. A는 나에 대해 남도 알고 나도 아는 모습이다. 반면 B는 남들은 모르지만 나만이 아는 나의 모습, 즉 비밀에 해당하는 영역이다. D는 나에 대해 남들도 모르고 나도 모르는 부분이다. 중요한 것은 C영역이다. 나에 대해 나는 모르는데 남들은 아는 나의 모습이다.

| | 내가 아는 나의 모습 | 내가 모르는 나의 모습 |
|---|---|---|
| 남들이 아는 나의 모습 | A | C |
| 남들이 모르는 나의 모습 | B | D |

조하리의 창

이 부분은 자기계발에 있어 매우 중요한 영역이다. 예를 들어, 내가 쓰고 있는 이 책이 읽고 있는 여러분에게 도움이 될지 안 될지, 또 어떤 부분이 도움이 될지는 저자인 나보다는 여러분이 훨씬 더 잘 알 수 있다. 특히, 다수의 독자 분들이 이 책에 대한 공통의견이 있다고 치자. 예를 들어, 이 책의 내용이 어렵다는 것이 그런 공통의견이라고 가정할 때, 나는 그와는 다른 의견, 즉 이 책은 쉽게 쓰여졌다고 생각한다고 치자. 이럴 때 누구의 의견이 진실에 더 가까울까?

당연히 다수의 독자들의 공통 의견이 저자인 나의 의견보다 더 정확하다. 이는 내가 강연을 하거나 워크숍을 진행할 때에도 마찬가지이다. 무기명 피드백을 받아보면 내가 생각하지 못했던 부분들을 복수의 참석자들이 지적해줄 때가 있는데, 이런 피드백을 놓고 나는 두가지 선택을 할 수 있다. 무시하거나 개선하거나. 왜냐하면 때로는 그런 피드백이 불편한 소리일 수 있기 때문이다. 하지만 이러한 피드백을 어떻게 받아들이는가에 따라 커리어나 자기계발은 큰 차이가 날 수 있다.

여기에서 나와 같은 'A형 인간'이 주의할 것이 한 가지 있다. 남들에게 거절을 잘 못하는 사람들 중에는 다른 사람의 피드백이 무조건 옳다고 생각하고 자신의 의견은 신뢰하지 않는 경우가 있다. 또한 남들이 나를 어떻게 바라보는지에 대한 피드백의 중요성과 이 책에서 말하는 '남들이 어떻게 보든 내가 느끼는 것을 어서티브하게 표현하라!'라는 말 사이에서 혼돈을 일으킬 수 있다. 이 부분을 여기에서 잠시 살펴보자.

우선 진정한 피드백과 그렇지 않은 피드백을 가려낼 수 있어야 한다. 사람은 정치적 동물이기 때문에 주변의 지인 열 명 중 아홉 명은 내게 '덕담'을 하지 굳이 내가 듣기 싫은 소리는 피한다는 점을 생각하자. 즉, 내가 피드백이라고 생각하는 것의 상당수가 실은 그저 좋은 소리일 수 있다는 점이다. 나 역시 직업적으로 필요한 상황, 예를 들어 코칭을 하는 경우이거나, 내가 정말로 좋아하고 신뢰하는 친구나 동료가 아니라면 굳이 싫은 점이 있어도 말할 필요성을 느끼지 못한다. 만약 여러분이 마음이 약해 거절을 못하는 경우라면 주변의 많은 사람들은 당신에게 '착한 사람'이라는 덕담을 많이 해주었을 것이다. 그러나 이것이 진정 그들이 당신을 바라보는 모습이라고 착각해서는 안 된다. 앞서 살펴보았듯이 실은 호구로 보일 수 있는 것이다.

영화 〈블라인드 사이드〉의 첫 장면이 우리에게 주는 교훈은 첫째, 누구나 자신이 보지 못하거나 혹은 보기를 외면하는 블라인드 사이드가 있다는 점, 둘째, 이는 사각지대이기 때문에 조 타이스먼이 좌측 후방을 못 보듯, 우리도 자기의 블라인드 사이드를 직접 자신이 발견하기는 쉽지 않다는 것, 마지막으로 그렇기 때문에 우리 각자는 자기만의 '래프트 태클', 즉 그것이 싫은 소리 혹은 외면하고 싶은 소리더라도 나에게 블라인드 사이드를 발견하도록 도와줄 수 있는 진정한 친구나 멘토가 필요하다는 것이다.

또 한 가지 매우 중요한 교훈은 우리 역시 누군가의 '래프트 태클', 즉 남들이 자신에 대해 보지 못하는 부분에 대해 때로 그것이 싫은 소리일지라도 이야기해줄 수 있는 사람이어야 한다는 것이다. 래프트 태클이 쿼터백의 안전과 성공을 돕듯, 우리가 누군가의 동료, 친구, 상사 혹은 부하로서 그들의 계발과 성공을 돕기 위해서 말이다. 물론 잊지 말 것은 남에게 피드백을 할 때에는 4부에서 살펴보았듯 스트레이트 토크의 4단계 혹은 축약된 2단계로 전달해야 한다. 상대방에 대한 판단이 아니라 상대방의 행동과 내게 드는 감정을 분리하는 것이 중요하다. 기억하는가? "나는 네가 ~(Your Behavior, 상대방이 한 행동이나 말을 판단 없이 그대로 서술하거나 인용)해서 ~(My Truth, 내 마음속에 떠오른 감정을 표현)해." 기억이 나지 않는다면 4부의 스트레이트 토크 박스 부분(178~181쪽)을 다시 살펴보자.

## 직장에서 피드백을 줄 때

직장에서 우리는 부하직원에게 피드백을 주어야 할 때가 있다. 정기적인 인사평가일 수도 있고, 혹은 수시로 주는 피드백일 수도 있다. 요즘은 360도 피드백 시스템이 확산되면서 부하 직원뿐 아니라 동료나 상사에게 피드백을 해주어야 할 때도 있다. 이러한 피드백을 줄 때에도 스트레이트 리스닝이나 토크의 구조는 매우 중요하다. 즉, 피드백을 받는 사람이 특정 상황에서 한 말이나 행동을 판단 없이 있는 그대로 이야기를 한 뒤, 그들의 행동이나 말이 조직 내에서 어떤 영향(긍정적 혹은 부정적 영향)을 주는지를 분리해서 이야기하는 것이다.

예를 들면, "당신은 도무지 회사 일에 관심이 없어"라고 주관적인 판단으로 피드백을 주기 시작하면 상대방은 방어적이 되고 당신의 조언에 수긍하기 힘들게 된다. 여기에서는 당신이 그렇게 느끼게 만든 행위를 있는 그대로 전달한 뒤, 그런 행위가 나 혹은 주변 동료들에게 어떤 영향을 미쳤는지에 대해서 분리하여 설명하는 것이 중요하다. 예를 들면 "부서 회의 때 보면 항상 노트북을 들고 와서 타이핑하는 모습을 보게 되는데…"라고 벌어졌던 상황을 그대로 묘사한 뒤, "그런 행동이 주변 동료들을 회의에 집중하지 못하게 만들고, 부서장인 나로서는 당신이 회사 일에 관심이 없다는 생각을 하게 되네"라고 객관적 상황이나 행동과 주관적인 판단을 분리시키는 것이다.

이러한 스트레이트 리스닝이나 토크의 주요 원칙은 국내에서도 베스트셀러로 인기를 끌었던 아들러의 심리학에서도 중요하다. 《회사에서 읽는 아들러 심리학》을 보면 칭찬보다 용기를 북돋워주라는 말이 나오는데, 일반적인 칭찬이 상사가 부하에게 전달하는 주관적 판단의 형태를 띄게 되면 부하 직원이 정확하게 자신이 무슨 일을 잘하는지 모르게 되거나, 혹은 무조건 상사의 칭찬을 받기 위해서 주체적으로 사고하고 행동하지 못하게 된다는 뜻이다.

예를 들어 "자네 아주 훌륭해!"라는 칭찬 표현은 애매하고 주관적인 판단만 들어가 있다. 하지만 "내가 회의에 들어가기 전에 자네가 내게 전달해 준 정보 때문에 회의에서 아주 중요한 이슈를 빼먹지 않고 상세하게 논의할 수 있어 도움이 되었네"라고 구체적으로 말해주는 것은 상대에게 용기를 북돋워줄 수 있고, 앞으로도 어떻게 행동해야 하는지에 대해 구체적으로 알려주는 것이다. "당신 최고야"라는 칭찬보다는 "문서 전체의 내용을 한 페이지에 정리해서 공유해준 것이 나처럼 시간이 바쁜 사람에게 큰 도움이 되었네"라고 구체적으로 표현하는 것이 긍정적인 피드백을 줄 때에도 중요하다.

# 피드백보다 부담이 덜한 피드포워드

이 부분을 읽고 독자 분 중에는 용기를 내어 친한 친구나 동료, 상사, 후배에게 피드백을 구해볼까 하는 생각을 떠올렸다가 망설이는 경우가 있을 수 있다. 이럴 때에는 피드백이 아니라 피드포워드feedforward를 활용해보면 훨씬 부담을 줄일 수 있다.

세계 최고의 리더십 코치로 꼽히는 마셜 골드스미스Marshall Goldsmith는 피드백보다 더 파워풀한 것으로 피드포워드를 꼽는다. 피드백은 비유적으로 말하면 자동차 안의 운전석과 조수석 사이 지붕에 있는 거울이다. 즉, 내가 지나온 뒤편을 바라보는 것이다. 피드백이 과거로부터 현재의 나에 대한 의견이듯이 말이다. 반면 피드포워드는 자동차의 앞 유리창이라고 볼 수 있다. 즉, 지금부터 앞으로의 나에 대한 의견이다. 피드백은 '(과거의) 내가 어땠습니까?'라고 묻는다면, 피드포워드는 '(앞으로) 어떻게 하면 제가 더 나아질 수 있을까요?'라고 묻는다.

여기에 4부에서 다룬 '취약성'을 활용하여 피드포워드를 구할 수 있다. 여러분이 가장 믿을 수 있고 자신에 대해 잘 아는 친구 한두 명과 만나 이렇게 물어보는 것이다. "나는 내 성격의 취약성 중 하나가 '노no'라고 이야기를 잘 못하고, 남에게 싫은 소리나 부탁을 잘 못하는 것 같아. 그리고 이런 점 때문에 오랫동안 마음속으로 불편함을 느껴왔고, 이런 나의 모습을 조금씩이라도 앞으로 고치고 싶어"라고 취약성을 솔직하게 인정한 뒤, "너희들(친구)이 볼 때, 내가 어떻게 하면 좀 더 내 마음속의 이야기를 사람들에게 솔직하게 이야기하고, 때로는 좋고 싫음을 좀 더 명확하게 이야기할 수 있을까?"라고 조언을 구해보는 것이다. 앞으로의 개선점에 대해 조언을 구하는 것이기 때문에 주변 사람들은 당신에게 좀 더 편안하게 조언할 수 있을 것이다.

# 문제는 공유하면 더 쉽게 풀린다

## 임원회의에서 힘든 소리를 하도록 격려한 CEO

2014년 미국의 〈포춘Fortune〉지는 세계의 50대 위대한 리더의 랭킹을 발표했다. 1위는 프란치스코 교황, 2위는 독일의 메르켈 총리였다. 3위는 누구였을까? 앨런 멀러리Alan Mullaly[46]였다. 그는 엔지니어로서 보잉 상업용 항공기 부분 CEO였으며, 2006년부터 2014년까지 거의 '망해가던' 미국 포드 자동차를 회생시킨 리더이다. 그는 포드를 떠난 이후 구글의 이사회에서 활동해오고 있다.

그와 관련 유명한 일화를 얘기하자면, CEO로 취임하여 회의를 할 때 누군가 스마트폰을 보면서 메시지나 메일을 확인하거나 옆 사람과 귓속말을 하고 있으면, 바로 회의를 중단시킨 다음, 그 임원에게 그가 한 행동을 주지시키면서 "혹시 우리가 알아야 할 사항이라도 있나요? 그렇게 중요한 사안이라면 지금 우리에게 공유해주시지요"라고 말해 분위기를 싸하게 만들었다고 한다. 그가 몇 차례 이렇게 스트레이트 토크를 하자, 회의에서 귓속말을 하거나 스마트폰을 확인하는 행동은 사라지고 모두가 집중하여 훨씬 생산적인 논의와 회의를 할 수 있었다고 한다. 불편한 말을 한두 번 함으로써, 매번 회의 때마다 주변 사람들을 신경 쓰이게 만드는 행동을 없앤 것이다.

리더로서 겪게 되는 또 다른 도전은 각 현장에서 일어나는 문제점들을 일일이 다 파악하기가 힘들다는 점이다. 이를 극복하기 위해서 리더는 임직원들이 현장의 문제점이나 고민을 회의 등에서 나눌 수 있도록 해야 하지만, 내부의 정치적 이해관계 때문에 임직원들은 공개적으로 자신들의 고민을 이야기하지 못하는 경우가 많다. 생각해보라. 임원회의에서 임원들은 상황이 제대로 진행되고 있다는 각도에서 보고를 하지, 저희 부서에 잘 안 풀리는 문제가 있다고 다른 임원들이 보는 앞에서 보고하겠는가?

이러한 문화는 결국 기업과 리더 자신에게 부정적 결과를 가져오게 된다. 잠재적인 문제에 대해 침묵하게 됨으로써 문제를 예방할 수 있는 기회를 놓치게 되는 것이다. 사건이 터지고 나서야 리더가 왜 아무도 이런 문제에 대해 미리 이야기해주지 않았는가라고 질타해봐야 때는 늦은 것이다.

멀러리의 리더십에서 가장 인상적인 장면 중 하나는 그가 매주 목요일 아침 7시면 16명의 임원들과 진행했던 비즈니스 계획 검토 Business Plan Review 회의를 들 수 있다. 그가 2006년 포드의 CEO로 취임할 때 포드는 무려 170억 달러(한화 19조)의 적자를 보고 있었다. 말 그대로 엄청난 위기였었다. 그는 포드가 과거 사들였던 재규어, 랜드로버, 볼보 등 포드의 주요 브랜드 5개를 매각하는 등 과감한 조치를 취했고, 결국 회사를 회생시켜 놓았다. 그가 포드를 떠난 직후인 2015년 2사분기에는 2000년 이후 최고 실적을 기록하기도 했다.

그는 엔지니어 출신답게 구조화된 방식을 좋아했다. 예를 들면 모든 임원들은 자기소개로 회의를 시작한다. 그는 항상 "내 이름은 앨런 멀러리입니다. 나는 포드 모터 컴퍼니의 CEO입니다"라고 시작했다. 모든 임원들은 각자의 다섯 가지 최우선 순위 과제를 모든 사람들이 볼 수 있도록 회의 어젠다에 올려놓는다. 참석하는 임원이 16명이었으니까 총 80개의 과제를 매주 목요일마다 리뷰하게 된다. 각 임원들은 최우선 과제 다섯 가지를 세 가지 색깔로 표시하도록 했다. 녹색은 잘 되고 있음, 노란색은 몇 가지 걱정이 있지만 해결책을 강구하고 있다는 뜻이고, 그리고 빨간색은 문제가 심각하며 어떻게 해결해야 할지 잘 모르겠다는 뜻이다.

그가 첫 미팅을 했을 때 16명의 임원들은 80개의 과제에 모두 녹색으로 표시를 했다고 한다. 회사는 무려 19조 적자를 보고 있는 상황에서! 멀러리는 아무 말 없이 임원들의 행동을 계속 지켜보았다. 몇 주 지나 캐나다 지역을 책임지고 있는 한 임원이 처음으로 빨간색을 표시했다. 다른 임원들은 순간 긴장하면서 그가 이제 회사에서 쫓겨날지도 모른다고 생각했을 것이다. 멀러리는 그 순간 어떻게 행동을 했을까? 그는 그 자리에서 박수를 치면서 그 임원에게 투명하게 문제를 인정하고 공유해주어 고맙다고 진심으로 말했다. 그의 칭찬이 진심이었음은 그 다음 행동으로 더 드러났다. 그는 문제를 노출한 임원에게 어떤 지시도 하지 않았다. 대신 다른 임원들에게 지금 문제를 겪고 있는 저 임원을 도와줄 아이디어나 네트워크가 있는 사람은 도와주면 좋겠다고 말했다.

불과 몇 분이 지나지 않아 4~5명의 동료 임원들이 과거 자신의 경험을 이야기해주거나 아는 사람을 통해 도와주겠다고 했고, 한 임원이 혼자 끙끙대던 문제는 금세 풀려 나가기 시작했다. 이 광경을 목격한 임원들은 그 이후 투명하게 자신의 문제와 고민을 공유해도 문제가 없겠다고 신뢰하게 되었다. 멀러리는 CEO로서 자기가 해결책을 제시하기보다 임원들이 서로에게 아이디어를 제안하고, 서로 돕게 했다.

멀러리의 이러한 리더십으로 인해 포드사의 최고 임원회의에서 임원들이 가장 신경 쓴 질문은 '어떻게 하면 상사에게 긍정적으로 보일 수 있을까?'가 아니라 '어떻게 하면 우리가 문제를 터놓고 이야기하고 서로 도울 수 있을까?'였다고 한다.

더욱 놀라운 것은 각 임원은 공장 노동자를 포함 누구든 두 사람씩을 관찰자로 이 최고 임원 미팅에 참석시킬 수 있었다는 점이다. 멀러리는 임원들에게 자신의 문제점을 공유하고, 때로 자신이 어떻게 해결해야 할지 아이디어가 없을 수도 있는 것이 결코 부끄러운 일이 아니라는 점을 기업문화로 만들어가려고 노력했다.

우리는 4부에서 취약성에 대해 살펴볼 때, 취약성이 있는 상태가 약점이 아니라 취약성을 모른척하고 숨기는 상태가 약점이며, 오히려 취약성을 인정하고 이야기할 수 있는 상태가 강점이라고 이야기했다. 마찬가지로 멀러리는 해결책을 모르는 것이 문제가 아니라, 이것을 숨기는 것이 오히려 부끄러운 것이라는 진리를 자존심 강한 나이 든 임원들이 받아들이도록 회의와 소통의 문화를 만들어갔다.

이러한 멀러리의 시도와 관련 한 가지 뒷이야기가 더 있다. 16명의 임원 중 두 사람은 멀러리가 임원들을 '초딩' 취급한다고 불평하기 위해 포드가의 후손인 빌 포드에게 찾아갔다고 한다. 빌 포드는 포드의 CEO는 전문경영인인 앨런 멀러리라는 점을 명확하게 했고, 결국 이 두 임원은 멀러리에게도 항의를 했다. 멀러리는 이들에게 화를 냈을까?

그는 우리가 4부에서 배운 스트레이트 토크를 했다. 그들을 비난하는 대신 자신의 의도를 명확하게 설명한 것이다. 그는 이렇게 말했다. "당신은 당신의 선택이 있습니다. 그게 나쁜 것도 아닙니다. 다만, 포드에서 일할 수는 없을 것 같습니다." 결국 두 명은 자신의 선택에 의해 포드사를 떠났다. 이들은 포드만 떠난 것이 아니었다. 멀러리의 리더십으로 포드 자동차는 엄청난 성공을 거두었고, 결국 이들이 받게 될 엄청난 금액의 보너스로부터도 떠나게 된 것이다.

## 신뢰의 진짜 의미: 취약성 기반의 신뢰

"팀워크를 위해 팀원들 간의 신뢰가 중요하다"는 말은 너무 뻔하게 들린다. 우리는 신뢰라는 말을 할 때 어떤 장면을 떠올릴까? 서로 함께 일해온 기간이 쌓이고 호흡도 잘 맞아서 팀장이 무슨 말 한마디만 하면 팀원이 금방 알아차릴 수 있는 상태? 리더십 및 조직 계발 전문가인 패트릭 렌시오니Patrick Lencioni는 이런 신뢰를 예측 가능한 신뢰predictable trust라고 부르는데, 사실 진정한 의미의 팀워크를 만드는 신뢰는 예측 가능성 기반의 신뢰가 아니라 취약성 기반의 신뢰vulnerability-based trust라고 정의한다. 즉, 리더십과 팀워크를 위한 진정한 의미의 신뢰란 팀원이나 리더가 서로의 취약성을 드러낼 수 있어야 하며, 그렇게 취약성을 동료에게 드러내도 상사나 상대방이 그 취약성을 나에게 악용하지 않을 것이라는 믿음, 그리고 서로 도와줄 것이라는 믿음이 진정한 의미의 신뢰라고 적용한다.

앨런 멀러리의 리더십과 그의 주간 비즈니스 계획 검토 회의 운영방식은 취약성 기반의 신뢰가 어떤 선순환과 긍정적 결과를 만들어내는지 잘 보여준다. 랜시오니는 팀이 제대로 팀워크를 발휘하고, 좋은 결과를 내기 위한 다섯 가지 조건을 이야기하면서 가장 먼저 취약성 기반의 신뢰를 강조한다. 이러한 신뢰 기반 위에서 팀원들은 건강한 갈등conflict을 통해 만든 목표에 헌신commitment하게 되며, 각자의 책임 소재accountability를 명확히 하고, 결과results에 집중하게 된다.

# 의도적인 거절의 메커니즘

## 악마의 대변인과 레드팀

 

 

미국의 합참의장을 지낸 마틴 뎀지Martin Demsey 장군은 리더십에 대한 글을 쓰는 칼 무어와의 2011년 인터뷰에서 이런 질문을 받은 적이 있다.[47] 당신처럼 높은 사람과 전투 부대원들 사이에는 여러 계급의 군인들이 있고, 보고 단계를 거치면서 현장의 목소리가 제대로 전달되기 힘들 텐데 당신은 어떻게 현장의 현실을 파악하느냐고. 그는 매우 어려운 문제라고 토로한 뒤 이러한 일화를 들려준다.

2008년 4성 장군에 오를 때, 또 다른 4성 장군이 자신에게 와서 축하의 인사를 건네면서 귓속말로 이렇게 속삭였다고 한다. 이제부터 누구도 당신에게 절대로 진실을 이야기하지 않을 거라는 점을 생각하라고. 뎀지 장군은 이 말을 항상 기억하려고 노력했다고 한다. 이 말이 보여주는 것은 리더란 조직 내에서 누구보다 많은 정보를 알고 있는 사람일 수도 있지만, 반대로 현실, 특히 안 좋은 소식이나 의견으로부터는 눈과 귀가 멀 수 있다는 점이다.

상사에게 반대 의견이나 안 좋은 소식을 전달하기는 힘들다. 임원들을 대상으로 강연할 때, 직언과 관련하여 나는 이런 말을 한다. 직원들이 당신에게 직언하기를 바라지 말라고. 그들에게는 매우 힘든 일이라고. 직언이란 리더가 이끌어내야 하는 것이라고. 뎀지 장군이 들은 조언과 같은 맥락의 이야기다. 앞서 살펴본 멀러리의 사례는 그가 어떻게 임원들로 하여금 안 좋은 소식을 공개적으로 이야기하고 함께 해결책을 찾도록 유도했는지 보여주는 좋은 사례이다.

만장일치는 관여된 모든 사람의 뜻이 일치한다는 사전적 정의를 갖지만, 현실 속에서는 반대 혹은 다른 의견을 가진 사람들의 침묵을 의미하는 경우가 많다. 이렇게 되었을 경우 미리 조치를 취할 수도 있는 잠재적 문제점들을 찾아내지 못하고 커다란 위기로 연결될 수 있다. 땅콩 회항 사건 당시 대한항공은 처음부터 피해자인 사무장과 승무원을 오히려 공격하는 첫 입장문을 내놓아 신뢰를 크게 잃었고, 대중의 분노를 샀다. 이러한 문제점은 내부에서 충분히 예상했을 가능성이 높지만, 이를 오너 일가 앞에서 이야기하기란 쉽지 않았을 것이다. 즉, 리더가 직언을 끌어내지 못할 경우, 오히려 더 큰 화를 자초할 수 있다는 말이다. 이런 경우 대다수의 의견 혹은 윗사람의 의견에 반대할 수 있는 메커니즘, 쉽게 말해 판을 깔아주어야 한다. 이러한 거절의 판을 의도적으로 만들어 의사결정에서의 실수를 예방하고, 좀 더 나은 결과를 만들기 위한 시도는 여러 가지 형태와 이름으로 존재해왔다.

가장 오래되었고, 널리 알려진 제도는 '악마의 대변인devil's advocate'이라는 것이다. 이는 13세기에 로마 가톨릭 교황이었던 그레고리 9세가 성인 추대 후보들을 인증하는 과정에서 의도적으로 반대편의 입장에 서서 성인으로 인정하기 위해 제출된 각종 자료에 대해 잘못이 있는지를 찾아내어 성인 추대 후보의 불합격을 주장하도록 한 제도이다. 이 악마의 대변인 제도는 현대에 이르러서도 정부나 기업 등의 조직에서 다양한 제도의 이름으로 발전되고 변형되어 왔다. 예를 들어 애덤 그랜트는 《오리지널스》에서 'Kill the Company'라는 훈련을 소개하고 있다. 국내에도 진출한 미국계 제약업체인 MSD의 본사 글로벌 CEO인 케네스 프레이저Kennneth Frazier는 혁신의 일환으로 경영진들에게 회사를 망하게 할 수 있는 아이디어를 내는 워크숍을 진행했다.

최근 위기관리의 기법으로서 미국을 중심으로 주목을 받아온 방법은 '레드팀Red Team'이다. 미국 외교 관계 위원회의 연구자로 있는 미카 젠코Micah Zenko는 2015년 《레드팀》이라는 책을 통해 이 개념에 대해 깊이 있게 소개하기도 했다.[48] 그에 따르면 레드팀은 미국 냉전 시대에 출발한 미국 군사 분야에서 공식적 용어로 사용하기 시작했으며 1961년부터 1968년까지 35대 존 F. 케네디 대통령과 36대 린든 존슨 대통령 집권시에 미국 국방부 장관이었던 로버트 맥나마라 Robert McNamara가 블루팀과 레드팀을 조직하여 항공기 계약을 제네럴 다이나믹사와 할지 보잉사와 할지에 대한 의사결정에 활용했다는 기록이 1963년 한 잡지에 나온다고 적고 있다. 레드는 냉전시대 당시 소련을 상징했으며, 따라서 적군의 색깔로 여겨졌다.

이러한 기법들은 주로 군대에서 시작하여 기업으로 확산되었는데, '워 게임war game'이 대표적이다. 군대에서 가상의 적군팀을 만들어 전투 태세 점검에 활용하듯이, 예를 들어 제약회사에서 신제품 출시를 앞두고 경쟁사를 대변하는 팀을 조직하여 서로 경쟁을 시켜 자신들의 마케팅이나 영업 전략에 문제는 없는지 사전에 체크해보는 게임으로 활용되고 있다. 위기관리 분야에서 많이 쓰는 '테러리스트 게임'은 특정 기업이나 제품과 관련한 이해관계자 그룹을 세분화한 뒤, 그들의 입장에서 해당 기업과 제품을 공격해보는 시뮬레이션 기법이다. 이처럼 수세기에 걸쳐 조직과 리더들은 의사결정 과정에서의 실수를 찾아내고 문제를 사전에 예방하기 위해 의도적 거절이나 싫은 소리를 하도록 하는 공격의 메커니즘을 만들어 활용해왔다.

# 거절이 자기계발의 핵심인 이유
## 인생은 선택과 집중으로 이루어져 있다

자기계발의 핵심은 거절이다. 만약 자기계발서를 여러 권 읽고 나름대로 노력도 해보았는데 뭔가 진전이 없다면 우리는 거절을 잘 못하고 있을 가능성이 꽤 높다. 멀리 갈 것도 없이 손쉬운 예를 하나 들어보자. 내가 그런 사람 중의 하나이기 때문이다. 나는 몸무게를 빼기 위해 수십 년 동안 결심해왔지만, 정작 살을 빼지는 못하고 있다. 왜일까? 맛있는 음식을 앞에 두고 마음껏 먹고 싶어하는 내 마음 속의 유혹에 '노'라고 이야기하지 못하고, '오늘만' 혹은 '다 먹자고 하는 짓인데'라고 정당화를 하며, 누군가 먹지 말아야 할 과도한 술이나 내키지 않는 음식을 권할 때, 자의반 타의반으로 거절을 하지 못하기 때문이다.

　음식과 체중만 그럴까? 기본적으로 자기계발이란 선택과 집중, 그리고 매일 습관처럼 반복하는 것이다. 중요한 일에 선택과 집중을 하지 않고 자기계발이나 성공을 할 수 있을까? 나는 이 책을 포함하여 2011년부터 2016년 사이에 총 4권의 책을 썼다. 혼자서 쓴 책이 두 권, 공저한 책이 두 권이며, 공역한 책은 2009년과 2015년, 두 권이 있다. 또한 박사 과정과 논문을 마쳤다. 하지만 이렇게 하기 위해서는 다른 많은 것에 거절을 해야 했다. 무엇보다 공부를 하고 책을 쓰기 위해서는 세계적인 회사의 한국 지사장 자리를 '노'라고 이야기하고 떠나야 했다. 하루 12시간 이상 정신없이 일해야 하는 직장 생활 속에서 지방에서 박사과정 공부나 저자로서의 삶은 힘들 것이라 판단했기 때문이다. 2007년 1인 주식회사를 만들고 나서도 생활비와 용돈을 벌 수 있을 정도의 프로젝트를 하면서, 돈을 더 벌 수 있는 회사에서의 프로젝트 기회들을 정중히 거절해야 했고, 서울 생활을 떠나 대전에서 수 년간 머물러야 했으며, 친구나 동료들과 함께 점심이나 저녁 식사를 하고 네트워킹할 수 있는 기회에 '노'라고 거듭 말해야 했다.

　책을 쓰고 싶어 하는 사람들이 주변에 꽤 있다. 어떤 성취든 다 마찬가지이지만, 책을 쓰기 위해서는 책을 쓰는 데 필요한 물리적 시간을 확보하는 것이 무엇보다 중요하다(물론 책을 쓸 수 있는 기회를 거절하고, 자신의 커리어 개발을 위해 열심히 직장생활을 해야 할 때도 있다. 나 역시 30대를 그렇게 보냈다). 이 책을 집중적으로 쓰는 기간 동안에는 때론 미안한 마음이 들지만 만나자는 요청이나 일부 프로젝트에 거절의 뜻을 명확하게 밝혀야 했다. 주제 선정이나 자료 정리 등도 중요하겠지만 가장 기본적이면서 중요한 것이 혼자서 고민하고 글 쓸 시간을 확보하는 것이기 때문이다.

내가 대표적으로 거절하는 것 중의 하나가 강연이다. 그동안 일을 해오면서 한두 시간의 강의로 사람들에게 어떤 의미 있는 변화의 기회를 만드는 것은 힘들다고 생각하게 되었다. 그보다는 최소한 4시간에서 하루이틀 동안 소규모의 사람들과 구조화된 대화와 토론을 하면서 문제를 함께 해결하는 과정을 디자인하고 이를 진행facilitation 하는 것이 훨씬 더 흥미롭고 내겐 보람된 일이었다. 그래서 좀 더 의미를 두고 있는 워크숍 디자인과 진행에 집중하고, 책 쓰기와 같은 일에 집중하기 위해 강연 요청은 대부분 정중하게 거절해왔다(반면 책을 내고 독자들과 만나는 자리의 강연은 거절하지 않았다).

하루의 일과 역시 마찬가지이다. 모든 사람의 연락과 요청에 응하다 보면, 바쁘게는 지났지만 정작 무엇을 했는지 무엇 때문에 살고 있는지 모를 정도로 힘이 빠질 때가 있다. 이것 역시 그날 자신의 장기적 목표와 관련 있는 몇 가지 일을 하기 위해 다른 일을 거절할 수 있어야 한다. 이렇게 말하고 나면 상사 눈치를 보면서 지내야 하는 직장생활에서 그런 시간을 내기는 힘들다고 느낄 수 있다. 사람들의 요청에 때로 거절을 하고, 자신만의 시간을 확보하는 것이 현실적으로 어려운 일일 수는 있지만, 불가능한 것은 아니다. 대기업의 인사팀장으로 근무하는 지인은 자기만의 시간을 확보하는 것이 직장 내에서는 힘들다고 판단해, 출근 전이나 퇴근 후 커피숍에서 자기만의 시간을 다만 20분이라도 가지면서, 일기장을 펼치고 자신이 원하는 방향으로 가고 있는지 그날 한 일 중에 의미 있는 일은 무엇이었는지를 되돌아보고 있다.

《두려움》의 저자 스리니바산 필레이 교수는 우리가 반복하여 저지르는 오류 중 하나가 '어려운 것'과 '불가능한 것'을 혼동하는 것이라고 이야기한다. 즉, 사람들에게 거절하고 자신만의 시간이나 공간을 확보하는 것은 '어려운 일'일 수 있지만, '불가능한 일'은 아니다. 필레이 교수는 사람들이 자신이 목표로 하거나 원하는 변화가 마음속에 있으면서도 어느새 '그건 불가능해'라는 메시지를 자신의 뇌에 반복하여 내보내게 되는데, 이는 새로운 변화를 시도하지 않는 자신의 모습을 정당화하기 위한 것이며, 이렇게 되면 행동 변화나 새로운 목표 달성을 할 수 없다고 지적한다. 힘들기는 하지만 지나치게 변화에 대해 두려워하고 회피하는 것은 합리적이지 않다는 메시지를 뇌에 보내며 새로운 기회를 시도해봐야 한다.

여전히 자신의 마음속의 진실을 전달하면서 거절이나 부탁하는 것이 어렵게 느껴진다면 스탠퍼드대학교의 포그B. J. Fogg 교수가 제안한 '깨알 습관Tiny habit'을 참고해볼 필요가 있다.[49] 이것은 새로운 습관을 들이기 위해 중요한 것은 갑작스럽게 큰 변화를 하려고 시도하기보다 매일 실행할 수 있는 '깨알 습관'을 정한 뒤, 이를 오랫동안 지속하는 것이 더 효과적이라는 이론이다. 쉽게 말해서 운동하지 않던 사람이 매일 푸시업을 100개씩 하겠다고 결심하는 것보다는 매일 5개씩 한 달을 빼먹지 않고 지속할 수 있다면 서서히 운동량을 자연스럽게 늘려갈 수 있고, 새로운 운동 습관을 만들어가는 데 있어 더 효과적이라는 뜻이다.

여기에서 깨알 습관을 정할 때에는 세 가지 조건이 있다. 하루에 한 번씩 반복할 수 있는 것이어야 하고, 한 번 하는 데 30초가 걸리지 않으며, 거의 노력이 들지 않는 행위여야 한다. 예를 들어, '나는 오늘 내 마음속의 진실을 만나는 사람들에게 전달할 것이다'라고 아침에 한 번씩 다짐하는 것은 깨알 습관의 정의에 잘 들어맞는다. 여기에서 한 가지 더 중요한 것이 있다. 깨알 습관을 정한 뒤 무조건 반복하는 것이 아니라 포그 교수가 제안하는 특별한 '레시피'대로 하면 좋다. 이미 자신이 매일 습관적으로 행하고 있는 행동(이것을 전문 용어로 앵커anchor라고 한다)에 깨알 습관을 붙여서 만드는 것이다. 직장 생활을 하면서 동료들과 매일 점심을 먹으러 식당에 간다. 이것이 바로 앵커이고, 이미 내 삶 속에 들어와 있는 루틴이다. 매일 아침 직장이 있는 빌딩 정문에 들어서는 것도 루틴이다. 매일 적어도 한 번씩의 회의가 있다면 이것도 루틴이다. 이것과 연결 지어 거절에 대한 깨알 습관을 어떻게 만드는지 예를 들어보자.

| 앵커 혹은 루틴 행동 | 새로운 깨알 습관 |
| --- | --- |
| 나는 매일 출근하면서 회사 정문에 들어설 때마다 | '오늘은 상사나 동료들을 대할 때 내 마음속의 진실을 전달하겠다'라고 다짐한다. |
| 나는 회의에 참석할 때마다 | 적어도 한 번씩은 "제 의견은 이렇습니다"라는 표현을 써서 내 마음 속의 솔직한 의견이나 생각을 전달하도록 한다. |
| 나는 직장 동료들과 점심을 먹으러 함께 갈 때마다 | ("저도 같은 것으로 주세요"라고 말하기보다) "○○메뉴를 선택하겠습니다"라고 말한다. |
| 나는 저녁에 퇴근하여 잠자리에 들 때마다 | '나는 오늘 내 마음속의 진실을 상대방에게 전달했는가?'라고 스스로에게 묻고 답해본다. |

■ 깨알습관과 앵커/루틴 행동의 조합 예시

이처럼 매일 이미 습관적으로 행하고 있는 행동에 새로운 습관의 깨알 버전을 덧붙여서 이를 지속한다면 훨씬 부담 없이 거절 혹은 내 마음속의 진실을 전달하기 위한 근육을 만들어갈 수 있을 것이다.

《에센셜리즘》의 저자 그렉 맥커운Greg Mckeown은 결정이라는 뜻의 영어단어 'decision'의 라틴어 어원이 '자르다' 혹은 '죽이다'라는 뜻이었다면서 삶에서 중요한 것이 무엇인지를 결정한다는 것은 결국 무엇인가를 잘라내고 거절하는 것을 필연적으로 수반하는 것을 강조한다. 그의 책을 읽다 보면 결국 인생에 '짬짜면'과 같은 것은 없다는 점을 생각하게 된다.

그의 책에 보면 흥미롭게도 한국의 IT기업에서 일하는 진영이라는 사람의 사례가 나온다. 결혼식이 이사회 3주 후에 예정되어 있고 팀장의 지시로 이사회에서 쓰일 자료를 만들어야 하는 상황에서 빨리 정해진 일을 마치고 결혼식 준비를 하기 위해 매일 밤늦게까지 일하여 정해진 데드라인보다 일찍 일을 마치게 된다. 보통 일을 빨리 하고 잘하는 사람에게는 휴식이 아니라 오히려 일이 몰리게 마련이다. 팀장이 또 다른 일을 시키려고 하자 진영은 거절의 뜻을 분명히 말한 뒤 자신은 결혼 준비를 위해 그동안 열심히 일했던 것임을 설명한다. 물론 팀장은 그 말에 열을 받았고, 다른 팀원들에게 시키려고 했지만 다른 팀원들도 거절하자 결국 팀장은 자신이 그 일을 직접 맡아서 하게 된다. 그 과정 속에서 자신이 팀원들에게 일을 시켜온 방식에 문제가 있다는 생각을 하게 되고 좀 더 명확하게 팀원들과 해야 할 일과 책임 범위에 대해 정해야 한다는 생각을 하게 된다.

이 사례에서 우리가 주목해야 하는 것은 진영이 팀장이 지시한 일을 깔끔하게 마무리하는 동시에 자신의 권리인 결혼 준비를 위해 거절의 뜻을 명확히 한 것이다. 만약 진영이 거절을 하지 않았다면 어떤 일이 발생했을까? 팀장은 자신의 리더십에 문제가 있다는 생각을 하지 못했을 것이고, 거절을 못하게 되면 진영은 결혼 준비는 물론 결혼 이후에도 마음과 몸 고생을 하면서 직장생활을 했어야 할 것이다. 이처럼 거절을 통해 자신의 진실을 상사에게 전달하는 것은 하나의 반작용과 피드백으로 작용하여 상사가 나를 대하는 방식을 스스로 되돌아보고 변화시키게 하는 힘을 가져올 수가 있다. 거절이 나의 리더십은 물론 다른 사람의 리더십에도 긍정적 영향을 미칠 수 있는 사례이다.

국내 정리컨설턴트 1호인 윤선현 대표에게 수년에 걸쳐 정기적으로 사무실 정리에 대한 컨설팅을 받아왔었다. 그의 책에서도 밝히고 있지만, 정리의 핵심은 버리기에 있다. 마찬가지로 정리된 삶을 위해서도 버리기, 즉 거절은 핵심이다.

내가 글로벌 컨설팅사의 대표라는 직책을 떠나기로 마음을 먹고 사표를 던졌을 때, 주변은 물론 내 마음속에서도 우려의 시선이 있었다. 매출도 좋은 시점에 잘 하고 있는 사장직을 떠나려 하니 본사나 상사의 만류도 있었다. 이때 독립하여 한번 새로운 모험을 해보고 싶다는 내 마음속의 진실을 외면하고 거절의사를 분명히 하지 못했다면 지금쯤 내가 하고 싶었던 책 쓰기나 워크숍 진행, 목수로서의 삶은 없었을 것이다. 이 책이 나올 때쯤 나는 지난 10여 년 동안 꿈꾸던 목공 스튜디오를 오픈할 것이다.

그렉 맥커운은 '지금 나는 제대로 된 중요한 일에 나의 시간과 자원을 투자하고 있는가?'라는 질문의 중요성에 대해 반복하여 강조한다. 자기계발을 하는 과정이란 한마디로 이야기하면 자신의 결정권을 행사하는 것이며, 어서티브니스를 발휘할 수 있어야 하는 것이다. 풀어보면 자신이 하고 싶고 자신에게 중요한 일을 하기 위해 나머지에 대해 거절의사를 전달할 수 있는 능력이다. 자신이 잘할 수 있고 하고 싶어하는 일이 무엇인지 마음속에 떠오르는 생각들을 있는 그대로 들을 수 있어야 하고, 그 분야에 시간과 노력을 집중하기 위해서 다른 것에 "안 됩니다"라고 말할 수 있어야 한다.

## 일일 체크리스트

"가장 영향력 있는 코치"(비즈니스위크), "최고의 경영코치"(월스트리트저널, 포브스). "비즈니스의 새로운 시대를 여는 가장 신뢰할 만한 조언자"(이코노미스트) 등으로 꼽히는 마셜 골드스미스. 리더들의 행동변화를 어떻게 이끌어내야 하는지를 가장 잘 아는 그는 자신의 행동변화를 위해 한 사람을 특별히 고용했다. 그는 자신이 매일 실천해야 하는 요소들을 질문의 형태로 작성한 뒤, 특별히 고용된 사람이 매일 그에게 전화를 걸어 자신이 매일 해야 하는 행동들을 했는지 안 했는지 간단하게 확인하고 이를 표로 기록하게 만들었다. 매일 다른 사람에 의해 확인을 받게 되면 자신이 원하는 행동변화를 좀 더 확실하게 만들 수 있다는 점 때문이었다. '이해관계자 중심의 코칭'으로 불리는 그의 리더십 코칭 방법론 역시 이러한 구조를 취하고 있다. 즉, 리더의 행동을 같은 직장 내에서 관찰할 수 있는 동료, 선후배 직원들을 이해관계자로 지정하여 매달 이들로부터 자신이 변화하고자 약속한 행동변화를 실천하고 있는지 피드백과 제안을 받는 형태로 진행이 된다.

2013년부터 그의 방법론을 활용하여 고객을 코칭해오면서 나 역시 골드스미스와 마찬가지로 매일 내가 실천해야 하는 행동들, 예를 들면, 날마다 팔굽혀펴기 30개 이상 하기, 7000보 이상 걷기, 아침에 일일 계획 세우기 등을 정한 뒤, 동창인 친구와 함께 공유된 폐쇄 사이트에서 날마다 실천 여부를 기록하고 이를 확인하도록 하고 있다. 내가 날마다 확인하는 20여 가지의 질문 중 하나는 다음과 같다. "나는 오늘 상대방에게 내 마음속에 있는 진실을 있는 그대로 전달하였는가?" 즉, 매일 적어도 한 번은 이 질문을 마주하면서 하루를 잠시나마 돌아보는 것이다. 매일 저녁 이 질문을 마주하게 되면서 나는 거절과 부탁에 소극적이기보다 내 마음속의 의견을 있는 그대로 전달하는 데 좀 더 잘 집중하고 실천하게 된다. 여러분도 한번 시도해보시길.

# 부모와 싸워야 하는 이유

많은 부모가 자녀로부터 거절당하면 불행해합니다.
사실 아이들이 적절한 시기에 '아니오'라고 말하는 법을 배우는 것은 멋진 일입니다.
우리는 너무 늦기 전에 '아니오'라고 큰 소리로,
분명하게 말하는 법을 배워야 합니다.

엘리자베스 퀴블러 로스, 데이비드 케슬러의 《인생수업》 중에서

"부모와 싸울 수 없다면 당신은 결코 어른이 될 수 없습니다." 가톨릭 신학을 전공한 한 교수와 식사를 하다가 들은 이야기였다. 수년 전에 들었던 그 말은 그 뒤로 두고두고 내 머릿속을 맴돌았다. 부모와 '싸우지' 못하고 살아온 내 모습이 오버랩되었기 때문이었다. 정확히 이야기하면 평소에는 부모에게 하고 싶은 말을 하지 못하고 담아두고 있다가 어느 순간 뚜껑이 열리면 한꺼번에 쏟아 붙는 때가 있었다. 어린 시절에는 부모에게 반항하면서 마루에 있는 커다란 유리창을 박살낸 적도 있었다.

하지만 이런 모습은 부모와 제대로 싸우는 모습이 아니었다. 그 교

수가 말한 '부모와의 싸움'이란 뜻도 결국은 평소에 내 마음속에서 느끼는 진실, 때로는 그것이 부모에게 불편한 진실이 될 수 있다 하더라도 그것을 제대로 전달하는 것이었다. 그 교수와의 짧은 만남은 지금도 생생하게 그릴 수 있을 정도로 인상적이었는데, 복종과 순종을 중요시하는 가톨릭 교회에 대해 깊이 있게 연구해온 학자가 이렇게 말해 더 신선한 충격이기도 했다. 돌아보면 그때 그 말을 듣지 못했다면 나는 지금 이런 책을 쓰지 않고 있었을 것이고, 과거와 마찬가지로 똑같이 예스맨으로 살아가며 끊임없이 난 '착한 사람이야'라고 자위하고 있었을 것이다.

심리적으로 어른이 되고 독립한다는 것은 자신의 마음속에 있는 것을 끄집어내어 부모에게든 상사에게든 전해줄 수 있다는 뜻이다. 합리적으로 생각해보자. 부모와 나는 보통 25년에서 30년 이상 차이가 난다. 사회에서 생각해보자. 나와 20~30년 차이가 나는 사람과 내가 동일하게 생각한다는 것이 가능할까? 불가능하다. 아무리 한 가정 안에서 함께 살아온 부모라 할지라도 부모와 나의 생각이나 의견이 다른 것이 자연스러운 것이다. 우리는 그동안 효도라는 이름으로 부모와의 의견 충돌을 피해왔으며, 그리고 효녀 효자라는 칭찬으로 자녀들의 개인적인 감정과 의견을 무시하고 지내왔다. 가정에서만 그럴까? 학교에 들어가서는 개성은 튀는 것이라며 소외당해왔고, 질문은 때로 교사에 대한 도전으로 받아들여지기도 했다. 이런 가정과

학교를 지나 직장에 들어와서는 정당한 퇴근이나 휴가도 상사의 눈치를 보는 시스템 속에 살아가고 있다. 개인의 삶이나 감정, 의견을 존중하지 않는 것은 우리 사회가 예절이나 효도라는 이름으로 만들어온 또 하나의 폭력이다.

얼마 전 누가 들어도 알 만한 외국계 회사에서 일하는 팀장과 이야기를 나눌 기회가 있었다. 우연하게 휴가에 대한 대화를 하다가 놀랍게도 그 회사의 여직원들이 법적으로 보장되어 있는 출산 휴가를 제대로 쓰지 못하고 있다는 사실을 알게 되었다. 그 회사는 거의 대부분이 여직원인 글로벌 기업이었는데도 말이다. 이야기를 들어보니 오랫동안 출산 휴가는 최소한의 기간으로 쓰고 직장으로 돌아오는 것이 관례처럼 되었고, 누구도 회사에서 상사에게 찍힐까봐 이야기를 꺼내지 못하고 있었다. 더 슬픈 장면은 그 다음이었다. 세계적으로 명성을 얻고 있고 여성친화적인 기업으로 알려진 곳에서 여성 직원들에게 출산 휴가를 제대로 주지 않고 있다는 것은 충격이며 문제라고 이야기하자, 조금 전까지 자신의 회사의 문제점에 대해 이야기하던 그 사람이 입장을 바꾸어 회사의 입장을 두둔하기 시작한 것이다. 자신의 회사 사정상 그럴 수밖에 없다고.

그 순간 심리학자 마틴 셀리그먼이 실험을 통해 밝힌 '학습된 무력감'을 떠올렸다. 동물이나 사람은 어차피 노력해도 피할 수 없는 고통을 반복적으로 경험하다 보면 고통을 피할 수 있는 조건이 오더라도 이를 극복하기보다는 무력감을 학습한 뒤라 수동적으로 그 상황을 받아들인다는 그 개념을.

앞서 살펴보았듯이 거절을 못하는 심리에도 이런 학습된 무력감이 많은 부분 자리 잡고 있다. 즉, 자신이 마음속의 진실을 부모나 교사, 상사에게 전달해봐야 상황은 변할 것이 없다고 생각하고 그저 시키는 대로 수동적으로 삶을 살아가는 모습 말이다.

문화에 대한 연구를 보면 한국은 대표적인 집단주의collectivism 국가이다. 문화 간 비교 연구를 현장에서 오랫동안 수행한 대표적인 학자 호프스테드Hofstede의 연구 결과에 따르면[50] 개인주의individualism 척도에서 미국이 91이라면 한국은 18로써 극단적인 대조를 보인다. 개인주의는 이기주의와 더 가깝지 않을까? 한국문화가 더 도움과 가깝지 않을까? OECD가 발표하는 일종의 행복지표라고 할 수 있는 베터 라이프 인덱스Better Life Index는 그러한 추측을 완벽하게 뒤집는다.[51] "도움이 필요할 때 의지할 수 있는 누군가를 알고 있는가"라는 질문에 대해 90%의 미국인이 그렇다고 하여 조사대상인 OECD 38개국 중 22위를 차지했다. 전체 평균은 88%였다. 한국은 어떨까? 개인주의가 극도로 낮은 한국사회에서 어려울 때 의지할 수 있는 사람이 있다고 답한 사람은 76%로 전체 38개 국 중 거의 꼴찌인 37위를 기록했다.

언젠가 미국 대학의 문화 비교 커뮤니케이션 수업 시간에 스카이프로 연결하여 학생들과 의견을 주고받으면서 이 부분에 대해 이야기를 나눈 적이 있다. 나는 이 현상을 '문화적인 패러독스cultural paradox'라고 불렀다. 여기에서 잠시 다른 지표들을 몇 가지 더 살펴보자. 한국은 삶에 대한 만족도에 있어서도 38개 국가 중 31위로 하위권에 속한다. 미국은 15위를 차지했다. 인구 10만 명당 자살률에 있어 한국이 오랫동안 상위 1, 2위를 다투어온 것은 이제 많이 알려졌다. 나는 이 패러독스의 이유로 집단주의collectivism 성향을 들었다. 즉, 개인주의가 보장되지 않는 사회적 문화가 이런 패러독스를 가져온다는 생각이었다.

한국에는 정형화된 하나의 성공 공식이 있다. 부자이고 높은 지위를 갖고 있는 부모의 집안에서 태어나 초·중·고 때 상위권 성적을 유지해서 최고의 대학에 들어가고 대기업에 들어가거나 사시를 패스하거나 의사고시를 패스하는 것. 그 이외에는 성공이라 부르지 않고 불행한 사람이라고 부른다. 개인의 특성과 자질, 취향이 설 자리가 우리 사회에서는 극도로 부족하다. 서로가 서로의 다른 의견이나 생각들을 존중하지 않는다. 나이 어린 사람의 다른 의견은 반항으로 여겨진다. 거절하거나 도움을 요청하고 자신의 마음속의 진실을 전달하기 힘든 분위기는 이런 문화에 뿌리를 두고 있다.

거절에 대한 연구를 하고 책을 쓰면서 나는 우리 사회의 문제점을 다른 시각에서 바라보게 되었다. 1980년대부터 우리 사회는 정치적 민주화를 이루기 위해 많은 노력을 해왔다. 나는 한국 사회의 문제를 '라이프스타일로서의 민주주의democracy as a lifestyle'가 어린 시절부터 가정과 학교에서 학습되지 않은 것이 직장과 사회, 정치 분야에서 지속되고 있다고 본다. 민주주의란 공정함과 상호성(부모와 자녀 사이, 선생과 학생 사이, 상사와 부하직원 사이, 돈을 많이 버는 사람과 적게 버는 사람 사이)에 기반하며, 개인의 자유와 그 제한점을 바탕으로 한다. 개인성에 대한 존중이 가정과 학교에서 직장과 다양한 조직 내에서 개선되지 않는다면 나는 우리사회와 한국인의 전반적인 행복도는 나아지지 않을 것이라 생각한다. 참된 행복과 성공은 개인에 대한 존중을 실천할 때 가능하다.

민주주의와 개인주의에서 '거절'은 반드시 실천이 필요한 덕목이다. 그러니 다른 사람이 아닌 나를 위해서, 한 인간으로서 나의 존재감을 확인하고, 내 안에 있는 목소리를 경청하고 전달하기 위해서 우리는 삶 속에서부터, 그리고 작은 것에서부터 거절을 실천해야 한다. 그동안 부모에게 교사에게 상사에게 별다른 생각 없이 "예"라고 해왔다면, 이제 그동안 부모와 교사와 상사가 나의 개인성을 어떻게 조여왔는지를 자각하고, 더 민감하게 반응할 필요가 있다. 그 출발점은 "저는 생각이 다릅니다" "저는 이것을 원합니다" "저는 싫습니다"

"제가 이것을 하도록 도와주십시오"라고 내 마음속의 진실을 상대방이 똑바로 알아들을 수 있도록 전달하는 것에서 시작한다. '거절력'과 '부탁력'이 없이는 나의 행복도 성공도 주체적으로 만들어갈 수 없다.

내가 이 책을 편집자인 박지수 팀장과 상의하기 시작해 착수한 뒤 마무리하기까지는 3년이 걸렸다. 그동안 책 원고가 잘 나간 때도 있었고 아닌 때도 있었다. 이 책의 초고를 넘기기까지 원고가 잘 써지고 안 써지는 기간의 차이는 무엇이었을까. 내게 글 쓰는 영감이 찾아올 때와 아닐 때라고 말하고 싶지만 그것은 거짓말이다. 원고가 집중적으로 잘 진행될 때는 그만큼 다른 일과 요청에 대해 거절을 많이 했던 기간이었고, 잘 진행되지 않을 때에는 거절하지 못하는(혹은 안 하는) 다른 일들이 많았던 때였다. 앞으로도 그렇겠지만 거절을 하지 않고 무엇인가 의미 있는 작업을 마무리하는 것은 불가능하다는 것을 다시 한 번 깨닫게 된다.

나는 삶의 전반부라고 할 수 있는 40여 년을 거짓말쟁이로 살아왔다. 지난 10여 년 동안 만나고 나를 코칭해 준 두 명의 코치, 로드 앤더슨Rod Anderson과 파트리샤 지아노티Patricia Gianotti는 이런 거짓말쟁이로서의 나의 모습을 직면하도록 도와주었고, 그리고 좀 더 내 마음속의 진실을 전달하고, 내 마음속을 한결 가볍게 할 수 있도록 이끌어주었다.

요즘 내가 사랑하는 말 중에는 '취약성 vulnerability'과 '담대함 boldness'이란 단어가 있다. 거짓말쟁이로서의 나의 모습을 취약성으로 인정하는 것에서 출발하여 담대함을 갖고 마음속의 진실을 전달하는 방향으로 가려는 내 삶의 여정에 지표가 되어주기 때문이다. 앞으로는 좀 더 담대하게 살고 싶은 것이 내 마음속의 진실이다. 그런 점에서 이 책은 내게 인생의 터닝 포인트를 의미하기도 한다. 내 삶의 후반전은 좀 더 가볍게 그리고 좀 더 거짓말을 덜 하면서 살겠다는 반환점 말이다. 그런 면에서 나는 이 책을 쓰면서 저자인 동시에 책 속의 사례이기도 했고 독자이기도 했다. 이 책을 쓰면서 나는 스스로에게 이렇게 계속 말하고 있었다. "생각이 다릅니다" "싫습니다"라고 거절해도 괜찮다고. "도와주시겠어요?" "제게 이것이 필요합니다"라고 부탁해도 괜찮다고. 친절과 배려의 부작용은 이미 지난 40여 년 동안 충분히 경험했으니 이제는 쿨하게 거절하라고. 그래서였을까? 이 책은 내게 일기장처럼 느껴진다.

# 거절에 부딪히는 게 진짜 세상이다

로버트 드 니로 연설 전문

만약 여러분이 이 부분을 무심코 먼저 펼치셨다면, 이 글은 이 책 2부의 세 번째 글과 연결되어 소개하는 것임을 밝힌다. 물론 이 연설문 자체만으로도 감상해볼 만한 충분한 이유가 있다. 이 연설은 배우 로버트 드 니로가 미국 뉴욕대학교의 티시 예술대학 2015년 졸업식에서 한 것이다. 기회가 되면 동영상도 꼭 한 번 보시길 바란다. 이 책을 쓰는 동안 책이 잘 안 써질 때면, 나는 차를 끓여놓고 두툼한 헤드폰을 쓰고 이 동영상을 몇 번이고 돌려 보았다(구글에서 "Robert De Niro - Tisch Salute 2015"로 검색하면 된다). 이 연설문 번역은 기자이면서 번역가인 아내(김은령)가 원고에 집중하라면서 대신 해주었다.

Robert De Niro: "You made it! And you're f*cked!"
TISCH School of the Arts, Madison Square Garden, New York
City, USA, 2015.5.22

그린 학장님, 교수님과 학교 관계자 여러분, 교직원과 학부모님들, 친구들 그리고 뉴욕대학교 티시 예술학부의 2015년 졸업생 여러분. 오늘 이런 축하 자리에 저를 초청해 주셔서 감사합니다.

티시 졸업생 여러분, 드디어 해냈군요! 동시에 여러분은 이제 완전히 망한 것이나 마찬가지입니다. 한번 생각해보세요. 간호대학 졸업생들은 모두 직장을 갖게 될 겁니다. 치과대학 졸업생 역시 취업 보장이지요. 뉴욕대학교 스턴경영대학원 졸업생들은 직장을 찾게 될 것입니다. 의대 졸업생들 또한 일자리가 있지요. 뉴욕대학교 법과대학원 졸업생들도 취직할 것입니다. 설령 그렇지 않은들 어떻습니까? 그들은 이미 변호사인걸요. 영문학을 전공했다면 이야기가 좀 달라지겠군요. 집에서 소설을 쓸 것입니다. 교사들 모두 일자리를 얻을 겁니다. 힘들고 보수는 쥐꼬리만하지만 그래도 일을 하겠지요. 회계 전공이라면 모두 직장을 찾게 될 것입니다.

그렇다면 여러분은 어떨까요? 아마도 회계 전공자들을 부러워하겠죠. 그들에게는 선택권이 있으니까요. 회계에 대해 열정이 있었기 때문이겠지만 그보다는 성공과 안정성에 대한 기대를 선사할 수 있는 직업을 얻기 위해 이성과 논리, 상식을 더 많이 활용할 것이기 때문입니다. 이성과 논리, 상식. 티시 예술대학 졸업생이 이런 것을 갖추었을까요? 설마 농담이겠죠?

여러분에게는 선택이 없습니다. 그렇지 않나요? 자기 안의 재능을 발견했고 야망을 알아차렸으며 열정을 발전시켜왔을 것입니다. 이런 사실을 부인할 수 없다면, 인정하고 가는 수밖에요. 예술에 있어서는 열정이 언제나 상식을 이깁니다. 여러분은 그저 꿈을 추구하는 것이 아니라 자기에게 주어진 운명을 따라가고 있습니다. 여러분은 댄서이고 가수이며 안무가이고 음악가, 영화감독, 작가, 사진가, 연출가, 배우, 예술가입니다. 네, 그러니 여러분이 완전히 망했다는 것입니다.

다행인 것은, 이 자리가 시작하기 그리 나쁘지는 않은 장소라는 것입니다. 이제 선택을 했으니 굴복하지 않는 한 가야 할 길은 명확해졌습니다. 쉬운 길은 아니지만 확실한 길이지요. 그냥 가기만 하면 됩니다. 아주 간단해요. 티시 대학을 졸업했다는 것은 대단한 일입니다. 다른 말로 하자면 티시 대학을 졸업했으니 큰일입니다. 이제 시작입니다. 성공적인 졸업의 날, 여러분 앞에 새로운 문이 열려 있습니다. 평생 거절로 이어질 문 말입니다. 피해갈 수 없어요. 졸업생들이 말하는 '진짜 세상'으로 가는 문인 거죠. 어떤 역할이나 군무의 자리를 놓고 벌이는 오디션에서 그 진짜 세상을 경험하게 될 것입니다. 프로젝트 후원자를 찾는 과정에서도 경험하게 될 것입니다. 여러분이 쓴 글이 주의를 끌기 직전이거나 연출 혹은 안무 일을 찾고 있는데 눈앞에서 문이 닫혀버릴 때에도 경험하게 될 것입니다.

그럴 때면 어떻게 대응할까요? 발리움이나 비코딘 같은 신경안정제가 도움이 된다고 들었습니다. 아, 아니죠, 잘 모르겠네요. 해야 하는 일을 할 때에는 지나치게 여유로울 수는 없습니다. 이런 고통을 모두 피하고 싶지는 않을 것입니다. 고통이 없다면, 이야기할 거리도 없어지니까요. 수천 명 학생과 그 가족들이 모여 있는 졸업식에서 이야기해야 할 때에는 한두 잔 마시는 예외가 필요할지도 모르겠습니다만.

거절이란 속 쓰린 것이지요. 하지만 거절은 대부분 우리 자신과 직접적인 관련은 없습니다. 오디션장에서 감독이나 제작자, 투자자들은 각기 마음속에 다른 생각을 떠올리고, 다른 사람을 고려할 수 있습니다. 그뿐입니다. 최근 영화 〈셀마〉에서 마틴 루터 킹 역의 오디션을 보며 저에게 생긴 일이기도 합니다. 제가 그 역할을 맡아야 했는데 아쉬웠습니다, 나를 위한 역할이라고 생각했거든요. 하지만 감독은 다른 생각을 하고 있었습니다. 여러분도 아시겠지만, 감독이 옳았어요. 감독은 언제나 옳은 것 같습니다. 오해는 마세요. 데이비드 오옐로워는 정말 훌륭했습니다. 더 나은 배우를 찾을 수 없을 정도였지요.

실제로 두 가지 일이 더 일어났답니다.

〈Bang The Drum Slowly〉의 오디션에서 대본을 일곱 번 읽은 적이 있습니다. 처음 세 번 중 두 번은 감독을 위해, 제작자를 위해 헨리 위겐의 역할을 읽었는데 결국 그 역할은 마이클 모리어티에게 돌아갔습니다. 그리고 다시 브루스 피어슨 역할로 불러서 감독을 위해, 제작자를 위해, 제작자와 그의 아내를 위해, 그들 모두를 위해 시나리오를 읽었습니다. 계속해서 오디션을 보는 기분이었습니다. 그들에게는 더 좋아하는 다른 누군가를 찾아낼 충분한 시간이 있었나 봅니다. 정확히 무엇을 찾고 있었는지 저는 잘 모르겠지만 원하는 사람을 제대로 찾지 못한 현장에 있으니 다행이었지요.

또 한 번은 연극을 위한 오디션이었습니다. 저에게 계속 뒤로 가라고 해서 저는 제가 그 역할을 따낸 줄 알았습니다. 그런데 다른 이름을 부르는 것입니다. 역할을 얻지 못해 실망했지만 이해할 수 있었습니다. 이름도 없는 또 다른 배우에게 역할을 빼앗기는 일도 이해했을 것입니다. 개인적으로 받아들일 일이 아니니까요. 그냥 감독이 마음속에 다른 타입을 두고 있을 뿐입니다.

일을 하면서 수많은 '디렉션'을 받게 될 것입니다. 감독으로부터, 스튜디오 책임자, 돈을 대는 사람, 멀리 떨어뜨려 놓으려 함에도 불구하고 현장에 나와 있는 작가들로부터 말입니다. 또 동료 예술가들도 조언을 할 것입니다. 아, 그런데 저는 작가들을 좋아해요. 늘 세트에 함께 있으면 좋겠다 싶을 정도로 말입니다.

모든 이야기들을 들으세요. 또 여러분 마음의 소리도 들으세요. 영화업계의 방식으로 이야기하고 있지만 여러분들 모두에게 적용된 것입니다. 모든 경우에 있어 비슷한 상황을 만나게 될 것입니다. 감독이 올바른 결정을 하도록 하는 방법은 여러분이 그 감독이 옳은 결정을 내리도록 돕는 것입니다. 감독과 다른 생각을 갖고 있을 수도 있습니다. 감독은 광대한 비전을 갖고 있고 여러분은 역할에 관한 아이디어를 갖고 있겠지요. 이제 막 일을 시작한 젊은 배우라면 경험이 풍부한 배우만큼 신뢰를 주지는 못할 것입니다. 오디션장에서, 혹은 대본을 읽을 때 콘셉트에 잘 맞는 무언가를 당신에게서 발견했기에 감독이 선택을 한 것입니다. 여러분 방식대로 노력해볼 기회를 얻을 수 있지만 최종 결정은 감독의 몫이 될 겁니다.

나중에 경력이 어느 정도 쌓여 이야기할 만한 일들이 많아지고, 감독으로부터 더 많은 신뢰를 얻게 되더라도 상황은 마찬가지입니다. 여러분 방식대로 할 수 있는 기회를 더 많이 갖게 되고 감독도 여러분이 보여주는 테이크에 동의할 것입니다. 여러분이 선보인 테이크가 최고라고 생각하겠지만 그것이 만일 영화라면 감독이 마지막 결정을 내릴 때 편집실 근처에도 가지 못할 것입니다. 모두 함께 해낼 때 가능한 일이죠.

배우로 늘 자신이 맡은 캐릭터에 진실하기를 바랄 겁니다. 하지만 가장 기본적이고 중요한 것은 역할을 맡는다는 것입니다. 그것이 가장 중요합니다. 감독이나 프로듀서 역시 자기 자신과 일에 솔직해야 합니다. 영화나 무용이나 연극은 예술가들의 놀이터나 개성을 표현하는 텐트가 아닙니다. 수많은 예술가의 헌신과 협력에 의존하는 결과물입니다. 제작진과 의상 디자이너, 촬영감독, 메이크업과 헤어 담당, 현장 관리자, 조감독, 안무가는 물론이고 언급하지 못한 수많은 사람들을 포함하는 거대한 팀인 것입니다. 여기서는 모든 사람들이 중요한 역할, 없어서는 안 되는 역할을 담당합니다. 감독이나 제작자, 안무가나 아트디렉터들은 강력한 영향력을 발휘합니다. 하지만 그 영향력은 호칭이나 지위에서 오는 것이 아닙니다. 그 영향력은 신뢰와 존경, 비전과 수고 그리고 협력에서 오는 것입니다. 여러분은 그어떤 감독에게보다 자기 자신에게 냉정해야 합니다. 더 쉽고 편하려고 이런 삶을 선택한 게 아님을 알고 있으니 여러분들께 편하게 쉬어가며 일하라고 말하지는 않겠습니다. 일을 얻기 위해 감독의 요구에 부응해야 하겠지만 자기 자신의 요구에도 응답해야 합니다.

이런 상황이 갈등을 만들어낼지도 모릅니다. 자기 방식으로 역할을 표현하고 싶겠지만 감독은 다른 생각을 할 수도 있습니다. 그렇다면 감독과 상의하세요. 아마도 타협점이 있을 겁니다. 양쪽이 공감하는 부분은 반드시 존재하기 마련입니다. 하지만 예술작품의 제작 과정은 민주주의의 장이 아니랍니다. 세트나 무대에서 누군가는 최종 책임을 져야 합니다. 모든 것을 하나로 통합해야 합니다. 그것이 바로 감독입니다. 그러니 너무 고집 부리지 마세요. 무대나 스크린에 아예 등장하지 않는다면 누구도 당신이 제대로 연기한다는 사실을 확인할 수 없을 테니까요.

지금 여러분의 마음속에 떠오르는 모든 질문에 대답할 수 있습니다. 전공을 연출로 바꾸기에는 이미 너무 늦었죠. 오늘 졸업식에서 나의 역할을 준비하며 몇몇 재학생들에게 도움을 요청했습니다. 우선 짧게 하라고 조언하더군요. 충고 몇 가지는 듣게 될 거라 기대하기에 괜찮지만 아무도 신경 쓰지 않을 것이라고도 말했습니다. 그리고 다시 한번 강조하더군요. 짧게 말하라구요.

이미 인생 목표를 세운 사람들에게 무슨 조언을 더 하겠습니까만, 내 아이들에게 들려준 몇 가지를 말할 수는 있습니다. 우선 무슨 일을 하던, 절대 티시 예술대학에는 가지 말라고 하겠습니다. 대신 회계학 학위를 따라고 이야기하겠죠.

진부하게 들리겠지만, 실패를 두려워하지 말라고도 이야기하겠습니다. 모험에 인생을 걸어보고 마음을 열고 새로운 기회와 새로운 아이디어를 맞이하라고 이야기하겠습니다. 직접 가보지 않으면 절대 알 수 없을 거라고 이야기하겠습니다. 대담하게 나서서 시험해보라고 이야기하겠습니다. 예술에 관심이 있다면 티시 같은 곳에서 비슷한 생각을 가진 사람들을 만나 서로 격려하고 자극을 주는 커뮤니티를 경험해 보라고 이야기하겠습니다. 공연 예술에 있어 재능과 뜨거운 열정을 발견한다면 다른 사람들과 협력할 때에는 뭐든지 더 잘 하려고 노력하는 동시에 전체 프로젝트를 책임지려 들지 말고, 자신이 맡은 부분만 책임지라고 알려주겠습니다. 여러분이 출연한 영화나 연극, 공연이나 무용 작품에 대해 비평가와 대중으로부터 좋지 않은 평을 받을 수도 있습니다. 하지만 여러분이 맡은 부분에 모든 것을 쏟아 부었다면 자신에 대한 비난으로 받아들여서는 안 됩니다. 여러분이 맡은 인물을 판단하지도 말고 여러분이 참여하고 있는 작품에 대한 평가에 흔들리지도 말아야 합니다. 에드 우드나 페데리코 펠리니, 마틴 스콜시지 같은 감독의 작품에 대해서도 똑같이 헌신해야 합니다.

최선을 다했지만 그것만으로는 충분치 않은 순간도 있을 것입니다. 이유가 무엇이든, 여러분이 최선을 다했다면 그것으로 괜찮습니다. 학교에서 올 A학점을 받았다구요? 그렇다면 축하할 일입니다. 실제 세상에서는 다시 올 A학점을 받지 못할 것입니다. 올라갈 때도 있고 내려갈 때도 있지요. 하지만 이 자리에서는 그것도 다 괜찮다고 말하고 싶습니다.

오늘 제 눈에는 여러분이 학사모와 가운이 아닌 맞춤 티셔츠를 입고 있는 듯 보입니다. 뒤에는 '거절-개인적으로 받아들이지는 말길'이라는 문구가 적혀 있고 앞에는 여러분이 중요하게 여기는 모토, 주문, 슬로건인 '다음번에'라고 적혀 있지요. 이번에 역할을 따지 못했다면, 제가 하고 싶은 말은 '다음번에'입니다. 다음번 혹은 그 다음번에 역할을 맡게 될 수도 있습니다. 화이트오크 태번에서 웨이터 일을 얻지 못했다면, 다음번 조셉스라는 바에서 일을 얻을 수도 있습니다. 줄리어드에 입학하지 못했다구요? 다음번에 예일이나 티시에 입학할 수도 있지요. 이런 농담을 좋아하니 다행이네요.

티시를 선택하는 것은 예술을 선택하는 것이나 마찬가지입니다. 첫 선택이 아니라 단 하나의 선택이었습니다. 저는 티시는 물론 대학을 다니지 않았는데 고등학교 상급생 시절은 말할 것도 없고 고등학생 전 시절을 통틀어 오랫동안 마치 티시에서 공부한 것처럼 느껴집니다. 저는 티시가 있는 지역에서 성장해왔습니다. 1964년 졸업생인 마틴 스콜시지 감독을 포함해 티시에서 공부한 사람들과 함께 일을 했습니다. 서로를 신뢰하고 의지하면 함께 멋진 성과를 만들게 됩니다. 모두들 함께 만들어가는 과정이기에 창의적인 위험을 감수할수 있습니다. 그러다 보니 같은 사람들과 몇 번이고 반복해 함께 일하게 됩니다. 저는 마틴 스콜시지와 여덟 편의 영화를 함께했고 앞으로 더 많은 작품을 함께할 것입니다. 그는 영화 스물다섯 편의 편집을 1963년 티시에서 만나 작업을 함께했던 텔마 스쿤메이커에게 맡겼습니다. 카사베츠, 펠리니, 히치콕 같은 감독들도 레퍼토리 컴퍼니처럼 협업자들과 몇 번이나 함께 일을 했습니다. 지금도 데이비드 O. 러셀과 웨스 앤더슨 감독은 이런 전통을 이어가고 있습니다.

초기 작업을 함께한 학창 시절 동료들과의 연합, 우정, 동업의식을 소중히 여기십시오. 이들과 함께 놀라운 결과를 만들어낼지 모르니까요. 중요한 인상을 남기는 창의적인 변화나 작은 디테일을 만들어낼 수 있습니다. 〈택시 드라이버〉에서 스콜시지 감독과 나는 트레비스 빅클이 모호크족 헤어 스타일을 했으면 하고 바랐습니다. 캐릭터를 살리는 중요한 디테일이었지만 이 영화 바로 다음에 〈라스트 타이쿤〉에서 긴 머리로 등장해야 했기에 머리를 자를 수가 없었습니다. 가짜 모호크족 헤어 스타일은 형편없게 보인다는 것을 알고 있었습니다. 점심을 먹으며 고민하다가 당시 최고의 메이크업 전문가인 딕 스미스에게 분장을 부탁했습니다. 이 영화를 보시면 근사한 결과를 확인할 수 있을 것입니다. 이제와 말하지만 그 헤어 스타일은 진짜가 아니었답니다.

우정, 동료의식, 협동… 창의력 넘치는 친구들과 함께 일할 때 어떤 일이 일어나는지 아마 여러분은 상상할 수 없을 것입니다. 마틴 스콜시지가 지난해 2014명 졸업생들에게 축사를 했습니다. 앨리슨 학장이 주최하는 학생 모임의 확장판 같은 졸업식에 올해는 제가 와서 축사를 하고 있습니다. 여러분은 지금까지의 성취를 축하하고 풍요롭고 도전적인 미래를 향해 나아가기 위해 여기에 모였습니다. 저는 이곳 출신으로 감독과 제작자가 될 졸업생들에게 저의 사진과 이력서를 나눠주기 위해 여기에 왔구요.

공연과 미디어 예술의 미래에 대해 희망을 갖게 해준 창의력 넘치는 젊은이들로 가득한 공간에 있어서 흥분되었습니다. 여기 있는 모든 학생들이 다 잘 해낼 것이라고 믿습니다. 여러분의 행운을 빕니다.

다음을 기약하며!

감사합니다.

**감사의 글**

    이 책을 쓰는 과정에서 나의 요청을 거절하지 않은 여러 사람의 도움을 받았다. 우선 홍은혜(전 TNS 리서처) 연구원은 서울 시내 직장인으로서 최소 2년 이상 직장 경험이 있으면서 거절과 관련 다양한 고민이 있는 사람 10명을 각각 2시간씩 심층 인터뷰를 하고 그 결과를 깔끔하게 정리해주었다. 연구의 조건상 나도 직접 만나볼 수 없었던, 하지만 인터뷰에 자신의 고민을 충실하게 나누어준 인터뷰이들에게 진심으로 감사를 드린다. 본문에서 밝혔듯이, 초고를 쓴 후 홍은혜 씨를 통해 인터뷰이들과 원고를 검토하는 과정에서 자신의 신분이 노출될 것을 걱정하신 분들을 위해 일부 직책이나 나이 등을 변경했음을 밝혀둔다.

SBS의 강의모 작가는 이 책의 구성을 놓고 고민할 때 위의 거절에 대한 리서치 자료를 놓고 함께 의견을 제시해주었고, 원고 작성에 도움이 될 여러 가지 국내 문헌들을 보내주었다. 허주현(서강대 박사과정) 연구원은 거절과 관련된 국내 논문을 꼼꼼히 찾아 정리해주었고, 거절에 대한 연구를 하기 위해 복종에 대한 심리학 연구 결과를 살펴보라는 아이디어를 제공해주었다. 경희대학교 언론정보대학원의 강태완 원장은 아직 출판되지 않은 갈등해결에 대한 소중한 번역원고를 보내주었다. 하지만 내가 이 책의 초고를 마무리하여 출판사에 넘긴 뒤 2주가 지나 강 원장의 갑작스러운 사망 소식을 접해야 했다. 소탈한 학자였던 그분을 위해 기도한다.

나와 컨설팅 파트너인 유민영(에이케이스) 대표는 거절에 대한 신문기사나 책을 볼 때마다 사진을 찍어 보내주었다. 이석호(전 현대카드 인사팀장) 팀장은 거절과 관련한 의견과 사례를 맛있는 식사와 함께 공유해주었다. 오랜 친구 윤은노 역시 직장생활을 하면서 겪은 거절에 대한 고민과 생각, 사례들을 공유해주었다. 오랜 경력의 심리상담가로서 지난 2014년부터 리더십 코칭을 내게 해주고 있는 파트리샤 지아노티 박사(Woodland Professional Associates)는 내가 좀 더 '어서티브'해지고, 내 삶을 주체적으로 살 수 있도록 지금도 매달 한 번씩 영상통화를 통해 얼굴을 마주하고 도와주고 있다. 그녀는 내가 이 책을 쓰는 작업에 진심으로 많은 용기를 보내주었고, 때론 내가 막히는 부분에 대해 친절한 조언을 해주었다. 대구가톨릭대학교 최원오 교수는 내게 삶에 대한 화두를 가끔씩 던져주는데, 그분의 영향은 이 책 여기저기에 스며들어 있다. 송 마리데레사 수녀님은 오랜 기간 내가 남이 아닌 나의 모습으로 살 수 있도록 늘 기도해 주고 어려울 때마다 나의 이야기를 들어주었다.

2013년 위즈덤하우스의 박지수 팀장을 만나기 전까지 나는 거절이란 주제에 대해 책을 쓰리라고는 상상하지 못했었다. 지난 시간 동안 '부드럽게' 원고 독촉을 하면서도 묵묵히 기다려주고, 종종 내 생각을 다듬을 수 있도록 차 한 잔을 앞에 두고 대화를 나눠준 것에 감사한다. 그녀의 기획 아이디어가 없었다면 내 인생에 이런 책도 없었을 것이다.

마지막으로 내가 쓰는 모든 원고의 첫 번째 독자이자 에디터로서 늘 의견을 나눠주고, 맛있는 음식으로 응원해주는 아내 은령에게 감사의 인사를 전한다. 이 책의 주제를 놓고 아내는 내 책상 옆에서 과일과 따뜻한 차를 건네면서, 그리고 마루의 소파에서, 출퇴근길의 차 안에서, 그리고 이 책을 쓰는 기간 중 함께했던 한 달간의 북부 프랑스 여행과 2주간의 교토 여행 중에도 많은 이야기를 나눠주었다. 내가 거절하기 힘든 유일한 사람에게 고마움을 전한다.

# 미주

1. 재키 마슨 지음,《모두에게 사랑받을 필요는 없다》, 정영은 옮김, 윌컴퍼니, 2014.
2. 직장인 대상 인터뷰는 전문 리서처인 홍은혜 씨가 맡아주었다. 인터뷰 결과를 바탕
   으로 내가 이 원고를 작성한 후 홍은혜 씨를 통해 인터뷰에 응해준 사람들의 동의
   를 일일이 받았다. 이 과정에서 인터뷰에 응해주었던 분들 중 일부는 자신들의 상
   황이 구체적으로 노출되는 것을 부담스러워하는 경우가 있었고, 이러한 사례에 한
   해서 일부 직책과 나이, 상황묘사를 수정하여 다시 동의를 받았다는 점을 알린다.
3. 장일현, "호구의 재발견…'베푸는 자가 성공한다'", 〈조선일보 위클리비즈〉,
   2013.7.20.
4. 애덤 그랜트의 연구에 대해 관심이 있는 사람은《기브 앤 테이크: 주는 사람이
   성공한다》(윤태준 옮김, 생각연구소, 2013) 혹은 다소 긴 기사이긴 하지만 "Is
   Giving the Secret to Getting Ahead?"(Susan Dominus, 〈New York Times〉,
   2013.3.27)를 읽어볼 것.
5. "For paranoia about 'what other people think': remember that very few
   love, only some hate – and nearly everyone just doesn't care." (Alain de
   Botton, @alaindebotton, 2014.11.1)

6. 제이슨 콤리에 대한 이야기는 그가 미국의 방송사 NPR(National Public Radio)에서 Alix Spiegel과 한 인터뷰 "By making a game out of rejection, a man conquers fear"(2015.1.16)를 참조했다.

7. 지아지앙에 대한 이야기는 그가 TEDxAustin 컨퍼런스에서 발표한 "Surprising Lessons From 100 Days of Rejection"을 참조했다.

8. "거절 민감성"에 대한 설명은 다음 책을 참조했다. 월터 미셸 지음, 《마시멜로 테스트》, 안진환 옮김, 한국경제신문, 2015.

9. Naomi I. Eisenberger, Matthew D. Lieberman, Kipling D. Williams, "Does rejection hurt? An fMRI study of social exclusion", 〈Science〉, Vol. 302, 2003.10.10.

10. 연구의 뒷이야기는 다음 책에서 참고했다. 매튜 D. 리버먼, 《사회적 뇌: 인류 성공의 비밀》, 최호영 옮김, 시공사, 2015.

11. Naomi I. Eisenberger and Matthew D. Lieberman, "Why rejection hurt: a common neural alarm system for physical and social pain", 〈Trends in Cognitive Sciences〉, Vol. 8, No. 7, 2004.7에서 인용한 그림. 본 그림 사용과 관련 제1 저자인 나오미 아이젠버거 박사와 Trends in Cognitive Sciences의 동의를 얻었다. (License Date: Mar 19, 2016; License Number: 3832740546066)

12. 2016년 새해 카스맥주의 광고 카피

13. 기시미 이치로, 고가 후미타케, 《미움받을 용기》, 전경아 옮김, 김정운 감수, 인플루엔셜, 2014.

14. 윤대현, "[인문의 향연] '미움 받을 용기'가 正常일까", 〈조선일보〉, 2015.6.24.

15. 이에 대해서는 《오리지널스》(애덤 그랜트 지음, 홍지수 옮김, 한국경제신문사, 2016) 3장을 참조하기 바란다.

16. 사건 요약에는 ABC 뉴스의 보도 "Restaurant Shift Turns Into Nightmare"(2005.11.12)와 Wikipedia의 "Strip search phone call scam" 항목을 참조했음.

17. "McDonald's Strip Search Victim Gets $6.1M", 〈CBS News〉, 2007.10.4.

18. 사건 내용에 대해서는 "'쓰싸'와 '가스' - 인분교수의 아주 특별한 수업"(SBS-TV 〈그것이 알고 싶다〉, 997회, 2015.8.8)을 참조했음.

19. 한예지, "'그것이 알고싶다' 인분교수 '나 파면되고 명예 추락된 거 알잖아' 눈물", 〈티브이데일리〉, 2015.8.9.

20. https://www.youtube.com/watch?v=LuH3GYmSjzU

21. 밀그램의 연구에 대한 요약은 《권위에 대한 복종》(스탠리 밀그램 지음, 정태연 옮김, 에코리브르, 2009)을 참조했음.

22. Burger, J.M., "Replicating Milgram: Would people still obey today?", 〈American Psychologist〉, 64, 2009, p. 1-11.

23. 버거의 연구 결과 요약에는 〈Social Psychology〉(Gilovich, Keltner, Nisbett, 2nd Ed, NewYork: Norton&Company, 2011) 298-299쪽을 참조했음.

24. 이재희, "크리스마스의 악몽, 죽음 부른 단합대회", 〈KBS 뉴스〉, 2015.12.29.

25. Lyn Y. Abramson, Martin E. P. Seligman, and John D. Teasdale, 'Learned helplessness in humans: Critique and reformulation', 〈Journal of Abnormal Psychology〉, Vol. 87, No. 1, 1978, p. 49-74; Hiroto, D. S., 'Locus of control and learned helplessness', 〈Journal of Experimental Psychology〉, 102, 1974, p. 187-193; Henry Gleitman, Daniel Reisberg, James Gross, 〈Psychology〉, 7th Ed, Norton&Company, 2007.

26. 이 부분 중 일부는 필자가 〈동아일보〉에 기고한 글 "[명사들이 말하는 2016 화두] 〈6〉 '학습된 무력감'에서 벗어나기"(2016.1.20)에서 가져온 것이다.

27. 김신영, "[Why] [김신영 기자의 클로즈업(closeup)] 대한민국 시험관아기들의 代父", 〈조선일보〉, 2013.5.11.

28. 브레네 브라운 지음, 《나는 왜 내 편이 아닌가》, 서현정 옮김, 북하이브, 2012, 109쪽.

29. 《The Merriam-Webster Dictionary》, 2004.

30. Randy J. Paterson, 《The Assertiveness Workbook: How to Express Your Ideas and Stand Up for Yourself at Work and in Relationships》, New Harbinger Publications, 2000.

31. 《Dorland's Medical Dictionary》의 정의. https://en.wikipedia.org/wiki/Assertiveness에서 재인용.

32. 《갈등 트레이닝. 갈등 이해, 분석 및 극복(원제: Konflikttraining. Konflikte verstehen, analysieren, bewältigen)》(I. H. Sauer-Verlag, 2002)은 경희대학교 언론정보대학원의 강태완 원장이 번역하였으나 아직 출판된 상태는 아니다. 소중한 번역원고를 내게 보내준 강태완 교수에게 감사의 인사를 전한다.

33. 앞에서 언급한 Randy J. Paterson의 《The Assertiveness Workbook》에서 가져

온 사례.

34. Michael S. Gazzaniga, Richard B. Ivry, and George R. Mangun, 《Cognitive Neuroscience: The Biology of the Mind》, NewYork: Norton&Company.

35. Henry Gleitman, Daniel Resiberg, and James Gross, 〈Psychology〉, 7th Ed, NewYork: Norton&Company.

36. Matthew D. Lieberman, Naomi I. Eisenberger, Molly J. Crockett, Sabrina M. Tom, Jennifer H. Pfeifer, and Baldwin M. Way, "Putting feeling into words: Affect labeling disrupts amygdala activity in response to affective stimuli", 〈Psychological Science〉, Volume 18, No. 5, 2007, p. 421-428.

37. Marshall Rosenberg, 《Living Nonviolent Communication》, Boulder, CO: Sounds True, 2012, p. xi.

38. 한국비폭력대화센터의 홈페이지(www.krnvc.org)에 들어가면 국문으로 된 '느낌 목록'을 구할 수 있다.

39. Henry Gleitman, Daniel Resiberg, and James Gross, 〈Psychology〉, 7th Ed, NewYork: Norton&Company, p. 471.
   Michael Gazzaniga, Todd Heatherton, and Diane Halpern, 〈Psychological Science〉, 3rd Ed, NewYork: Norton&Company, p. 414.

40. Lisa Fedman Barrett, Batja Mesquita, Kevin N. Ochsner, and James J. Gross, "The experience of emotion", 〈Annu. Rev. Psychol.〉, 58, 2007, p. 373-403.

41. 앤더슨 부부의 의견 또는 감정의 노출(emotional disclosure)과 건강의 상관관계에 대해서는 Michael Gazzaniga, Todd Healtherton, and Diane Halpern의 〈Psychological Science〉 3rd Ed 458-459쪽에서 재인용했다.

42. 예를 들어 요청과 관련된 언어학적 연구에서는 Shoshana Blum-Kulka and Elite Olshtain의 연구가 대표적이다. "Requests and Apologies: A Cross-Cultural Study of Speech Act Realization Patterns (CCSARP)"(Applied Linguistics, VoL 5, No. 3, 1984). 거절과 관련된 연구의 예는 Beebe, Leslie M., Tomoko Takahashi, and Robin Uliss-Weltz의 "Pragmatic transfer in ESL refusals"(Developing communicative competence in a second language, 5573, 1990)가 있다.

43. 김하나, "드라마에 나타난 한국어 요청-거절 화행 분석", 〈한국어와 문화〉, 제

15집, 2014, p. 131-164.

44. 스리니바산 S. 필레이의 저서 《두려움》(김명주 옮김, 웅진지식하우스, 2011) 참조.

45. Tony Hsieh, 《Delivering Happiness: A path to profits, passion, and purpose》, Hachette Book Group, 2010; "Why Zappos Offers New Hires $2,000 to Quit", Keith R McFarland, Bloomberg, 2008.9.17; "Why Zappos Pays New Employees to Quit – And You Should Too", Bill Taylor, Harvard Business Review, 2008.5.19.

46. 앨런 멀러리의 리더십 대해 관심을 갖게 된 것은 마셜 골드스미스가 2015년 출간한 《Triggers》라는 책을 통해서이다. 2013년부터 마셜 골드스미스의 이해관계자 중심의 코치 인증을 받아 임원 코칭에 활용해오고 있는 나는 이 책 출간 즈음에 온라인을 통해 마셜 골드스미스로부터 이 책의 주요 내용에 대해 교육을 받게 되었고, 그 곳에서 앨런 멀러리에 대한 이야기를 처음 알게 되어, 여러 가지 자료를 찾아보게 되었다. 그에 대해 관심 있는 독자라면, 비록 영어로 진행되지만 그가 스탠포드 경영대학원에서 한 특강을 참고해볼 만하다. 유튜브에서 "Alan Mulally of Ford: Leaders Must Serve, with Courage"라는 제목으로 검색하면 된다. 여기에 적은 글은 필자의 회사 공식 페이스북(facebook.com/thelabh.kr)에서 "김호의 커뮤니케이션 노트"라는 제목으로 공유했던 글을 가져와서 다듬은 것이다.

47. 인터뷰 전문은 "The New Chairman of the Joint Chiefs of Staff On 'Getting to the Truth'"(Karl Moore, 〈Forbes〉, 2011.10.20) 참조.

48. Micah Zenko, 《Red Team: How to succeed by thinking like the enemy》, New York: Basic Books, 2015.

49. 깨알 습관은 'Tiny Habit'을 내가 번역한 용어이며, 이에 대한 내용과 자료는 Connect Consulting Group의 Liz Guthridge의 도움을 받았다.

50. 호프스테드의 연구 결과에 따른 나라간 문화척도 지수 비교는 다음의 사이트에서 얻을 수 있다: geert-hofstede.com

51. 자세한 통계 수치는 oecdbetterlifeindex.org에서 확인할 수 있으며, 여기에 인용한 수치는 edition 2016년 통계 수치를 근거로 했음.

# 나는 이제 싫다고 말하기로 했다

초판 1쇄 인쇄 2018년 4월 16일   초판 1쇄 발행 2018년 4월 23일

지은이 김호
펴낸이 연준혁

출판 2본부 이사 이진영
출판 6분사 분사장 정낙정
책임 편집 박지수

펴낸곳 (주)위즈덤하우스미디어그룹   출판등록 2000년 5월 23일 제13-1071호
주소 (410-380) 경기도 고양시 일산동구 정발산로 43-20 센트럴프라자 6층
전화 (031)936-4000   팩스 (031)903-3895
홈페이지 www.wisdomhouse.co.kr   전자우편 wisdom6@wisdomhouse.co.kr

값 13,800원 ⓒ 김호 ISBN 979-11-6220-579-2 03320